我的小说的主题就是：上帝的恩惠出现在魔鬼操纵的领地。

— Flannery O'Connor —

The Story Carver

新经典文化 出品

刻小说的人 比目鱼 著／绘

刻小说的人

比目鱼

THE STORY CARVER

新星出版社 NEW STAR PRESS

新经典文化股份有限公司
www.readinglife.com
出　品

目录

Ⅲ 悬念保鲜术

代序

英文书店 A to Z

我喜欢逛英文书店。英文书店的好处在于，不论是纽约、旧金山、伦敦，还是巴黎、上海、北京，在里面你总能找到一个叫做“小说”的区域，那里的书总是根据作者姓名由 A 到 Z 按顺序排列。于是，你可以从 A 到 Z 慢慢地在这里溜达，你可以按照从 A 到 Z 的顺序和你熟悉的作者相遇。

你从 A 开始，首先会碰见马丁 · 阿米斯（Martin Amis），然后会看到保罗·奥斯特(Paul Auster),你翻了翻《纽约三部曲》(*The New York Trilogy*)，移步走向 B。

在 B 这里你会邂逅朱利安 · 巴恩斯（Julian Barnes），看见写后现代小说的老哥俩——约翰 · 巴斯（John Barth）和唐纳德 · 巴塞尔姆（Donald Barthelme）——他们肩并肩地站在一起。在这里你还会遇见博尔赫斯（Jorge Luis Borges）大师，你可以翻一翻他的那本《迷宫》（*Labyrinths*）。

你来到 C。翻一翻卡尔维诺（Italo Calvino）的《看不见的城市》（*Invisible Cities*）吧，那是一本文字优美的书。然后，你可以去见见雷蒙德·卡佛（Raymond Carver），向他请教：当我们谈论爱情的时候我们在谈论什么？接着你去拜访约翰·契弗（John Cheever），另一位短篇小说大师。听说过罗伯特·库佛（Robert Coover）吗？比起前两位，他的小说就不那么现实主义了。

D 区到了。你好，唐·德里罗（Don DeLillo）！《白噪音》（*White Noise*）已经拜读，是不是该买一本《毛二世》（*Mao II*）？E. L. 多克托罗（E. L. Doctorow）先生，您的后现代历史小说我一定找时间学习。来到 F。威廉·福克纳（William Faulkner）大师，久仰！久仰！在喧嚣与骚动之中，那是您献给艾米丽小姐的一朵玫瑰吧。

到了 G 区，怎么可能和马尔克斯（Gabriel García Márquez）老师相遇？除了《百年孤独》（*One Hundred Years of Solitude*），那里还有不少马老师的中短篇小说。你一边纳闷为什么马尔克斯会在 G 区出现，一边不知不觉地来到了 H。海明威（Ernest Hemingway）很有风度地站在那里，海老师，您的书我买得差不多了，今儿就不进屋坐了。

你走向 J。詹姆斯·乔伊斯（James Joyce）大师，您别急，《尤利西斯》（*Ulysses*）我将来一定会读的。你走向 K。看到卡夫卡（Franz Kafka），你想起"饥饿艺术家"；看到杰克·凯鲁亚克（Jack Kerouac），你想起"那是打字，不是写作！"；呵呵，米兰·昆德拉（Milan Kundera）老师也在这儿，您的中文书我看了不少了已经，就不麻烦看英文的了。

来到 M。伊恩·麦克尤恩（Ian McEwan）瘦瘦地站在那里，看过您的几个短篇，感觉还不错；大卫·米切尔（David Mitchell）同学让人流连忘返，新书还没出来，加油！村上春树（Haruki Murakami）先生，这么多英译本摆在这儿，您牛逼。

止步 N 区。纳博科夫（Vladimir Nabokov）大师，您的文字很炫，向您学习。在 O 区停留。乔伊斯·卡罗尔·欧茨（Joyce Carol Oates）女士，您的作品我要多学习。在 P 区漫步。托马斯·品钦（Thomas Pynchon）老师，我正在看《万有引力之虹》（*Gravity's Rainbow*），争取三年内读完。

来到了 R。菲利普·罗斯（Philip Roth）的小说不少，可惜还有很多都没读过；萨曼·拉什迪（Salman Rushdie）很有名，也该找来看看；塞林格（J. D. Salinger）先生，今天是抓香蕉鱼的好日子吗？

U 区到了。约翰·厄普代克（John Updike）正襟危坐，看着一群兔子跑了、回来了、歇菜了。在 V 区，库尔特·冯内古特(Kurt Vonnegut)嬉皮笑脸,等着在五号屠场吃一顿冠军早餐。

这时你发现自己已经走到了小说区的边缘。在 W 区，你遇见了大卫·福斯特·华莱士（David Foster Wallace），你对他说：我真的很喜欢你的东西。我家的书架上已经摆了你所有的小说。伙计，走好。

你发现时间已经不知不觉地过去了不少，你又一次完成了这段从 A 到 Z 的散步。你走出英文书店，心情不错。你想，我会随时再回去，重复那段从 A 到 Z 的旅行。

I 患者肖像

冯内古特的时间旅行

一

一九六七年，有个写小说的人被自己正在写的一本书搞得焦头烂额。此人名叫库尔特·冯内古特，四十五岁，美国人，以前在杂志上发表过一些短篇作品，后来又出过几本长篇科幻小说，一直没什么大名气。

可是那年他运气不错，获得了一笔古根海姆基金会的奖金，用来资助他写一本关于二战的长篇小说。故事的发生地——德国城市德累斯顿曾是欧洲最美丽的城市之一，一九四五年这座城市被盟军战斗机的地毯式轰炸夷为平地，有十三万五千居民丧生。冯内古特作为一名被德军俘虏的美国士兵亲历了那个事件，他一直想把这段经历写成一部小说。如今，这笔资助终于可以让他实现这个计划，他甚至可以用这笔钱重返德国去搜集素材。

可是他却被这本书难住了，他不知道应该怎么写。

对于那场灾难，冯内古特本人的记忆中仅仅残留着一些零星的片段，他去访问当地居民和当年的战友，受访者也都回忆不出什么有价值的东西。而且，他发现自己很难套用传统小说的结构来写这本书，他更不想美化战争、美化屠杀。

他的写作陷入了困境。“我试着写，但路子不对，写出来的全是垃圾。”多年以后，他回忆说。

二

很多年之后，二〇〇七年四月十一日，美国作家库尔特·冯内古特在纽约去世。几天前，这位写过《五号屠场》（*Slaughterhouse-Five*）、《猫的摇篮》（*Cat's Cradle*）、《冠军早餐》（*Breakfast of Champions*）等以黑色幽默著称的著名作家在家中不慎跌倒，造成脑部受损，最终医治无效，享年八十四岁。

纪念冯内古特的文章出现在各大报刊。《纽约时报》的文章写道：

> 冯内古特的长篇小说已成为美国反文化思潮的经典之作，这些作品也让他成为一位文学偶像，尤其是对于六七十年代的美国青少年学生，在那个时代，不论是大学生的宿舍里还是年轻人的牛仔裤后兜中都随处可见被翻烂的冯内古特的书。像马克·吐温一样，冯内古特使用幽默这一手段来探讨人类存在的基本问题……冯内古特写作的主题并非

都是形而上学的。比如他也会写平庸的消费文化，或者环境的破坏，其中混合着科幻、哲学，还有很多笑话。

三

住在纽约一大道和二大道之间四十八街附近的居民能够回忆起当年经常出现在这个街区的一个老头：他有一头乱蓬蓬的银灰色卷发，留着马克·吐温式的灰白色胡子。他悠闲地坐在街边的一张木椅上，手指间夹着一支香烟，身旁蹲着一只小小的白毛狗。

他就住在附近，他是个作家。虽然他写过科幻小说，但他的日常生活并没有高科技化。今天早晨他刚写了篇二十页的稿子，他打电话给住在一百英里以外的卡罗小姐，问她愿不愿意帮他把这篇文章用打字机打出来。一如往常，卡罗高兴地答应了。于是他出门来买信封，顺便遛狗。他在家门口的杂货店和印度店主笑着聊了几句，买了一个信封，然后牵着小狗走到街角的邮局，把装了稿子的信封交给柜台后的女士（他一直认为她是个出众的美女）。走出邮局，他感觉心情不错。天气晴好，阳光洒在曼哈顿的楼群之间。他牵着小狗走到四十七街，在街边供路人休息的木椅上坐下来，掏出一支香烟，眯起眼睛看对面阳光中的马路。

行人从他身边经过时偶尔会相互嘀咕一句："这人不会就是……冯内古特吧？！"他们会偷偷多看一眼，于是他们发现老头手里的香烟顶着一截长长的、摇摇欲坠的烟灰，再仔细看，可以发现老头的衬衣和裤子上点缀着一个个被烧焦的小洞。

冯内古特从十几岁就开始抽不带过滤嘴的“长红”(Pall Mall)牌香烟，烟瘾极大。他在八十一岁时扬言要把布朗和威廉森烟草公司告上法庭，因为他们在烟盒上宣称香烟可以致命，但他本人却一直活着。

冯内古特说过：世界末日的到来不可能那么快，吸烟是一种相当有保证、相当体面的自杀方式。

四

母亲自杀那一年他二十二岁。

母亲来自印第安纳州的富人之家，和父亲一样，也是德国移民的后代。父亲老库尔特·冯内古特是著名的建筑设计师，本州很多著名建筑物都出自父亲之手。这对夫妇热爱德国文学和德国音乐，一战之前，这个富足的家庭保留着德国传统，但一战的爆发使他们切断了和德国的联系。一九二二年当他们的儿子小库尔特·冯内古特降生以后，这对夫妇没有教他德语，也没有把他们喜爱的德国文化介绍给他。

小库尔特·冯内古特从中学开始对写作发生了兴趣，他为校刊撰稿，学会了如何为读者而不是为老师写作。一九四〇年他进入了康奈尔大学，主修生物化学，同时花大量时间为校刊撰稿。一九四三年，当他因课业成绩不佳面临被学校劝退的可能性时，这个年轻人主动离开学校，应征入伍。

Kurt Vonnegut

“幽默差不多是对恐惧的生理反应。”

这个时候，他的家庭已经逐渐败落。三十年代的大萧条使他的父亲失去了工作机会，这个一度富有而风光的男人变得消沉、自闭，他整日无所事事，回避家人和孩子。疏离的父子关系也许能够解释后来成为作家的儿子对父亲这一角色的描绘——在他的小说里，大部分父亲都显得孤僻冷漠，对孩子毫不关心。在他长篇小说处女作《自动钢琴》(*Player Piano*)中，读者可以读到因缺乏有意义的工作而导致的人性丧失。

库尔特的母亲则由忧郁走向了精神崩溃。和丈夫一样，她自闭独处，远离子女的生活。不同的是，她并没有完全丧失希望。她一直梦想两件事：一，成为一位小说家；二，搬到科德角去居住。曾有一段时期，她试着为流行杂志撰写短篇小说，但她的作品全部遭到杂志社的回绝，这使她变得越来越尖刻，越来越神经质，她时常当着子女的面恶毒地咒骂丈夫。他的孩子们相信，母亲精神失常了。

终于有一天，这位对生活丧失希望的母亲在家中吞食了大量的安眠药，离开了人世。

那一天是一九四四年五月十四日，母亲节。

那一天小库尔特·冯内古特正好待在家中。第二天，他就要随部队离开美国，开赴二战战场。

五

在小说《冠军早餐》的第十七章，冯内古特在叙述本尼的母亲发疯后自杀这一情节时，提到了自己的母亲。

冯内古特喜欢在小说里东拉西扯，而且常常以本人的面目出现在虚构的故事中，他喜欢把自己的亲身经历也塞进小说里去。

在这段文字中，作者的叙事语气并没有偏离贯穿全书的风格，仍然是略带戏谑和调侃的东拉西扯：

> 你听着：本尼的母亲和我母亲是完全不同的人，但是她们都有一种异乎寻常的美，两个人都会激动地谈论什么爱情，和平，战争，邪恶和绝望，过去的好日子，过去的坏日子。两个母亲都自杀了。本尼的母亲吞服德拉诺，我母亲吞安眠药，这不是那么糟糕。[1]

这不是那么糟糕？这句话听起来好像作者担心读者读至此处会黯然伤心，于是他站出来，奉劝读者无须为此伤神、请继续保持阅读这本幽默小说的好心情。

六

当人们谈论冯内古特的小说时，经常会使用如下这些标签：黑色幽默、科幻小说、讽刺文学、后现代小说。

《冠军早餐》出版于一九七三年，故事发生在“一个很快就要死去的星球上”，主人公是“两个孤苦伶仃、瘦骨嶙峋的

KURT
VONNEGUT
BREAKFAST
OF
CHAMPIONS

年纪相当老的白人”。其中一位，德威恩·胡佛，是一个相貌平常但内心发疯的汽车销售商，他迷恋上了另一位主人公——落魄的科幻小说作家基尔戈·屈鲁特的作品，并把他书中所写的一切信以为真。基尔戈·屈鲁特是个外表怪诞疯狂，但内心非常清醒的科幻作家。小说从他接受邀请参加胡佛所在小城的一次艺术节开始，一直写到两位主人公的最终会面，中间穿插了很多对美国社会的揶揄讽刺，并配有多幅作者亲手绘制的漫画插图，充满笑料。

冯内古特不但担当了这部小说的叙事者，还安排自己和虚构的人物一起出场。书中有一段作者和自己的对话：

> “你在写的这本书太糟了。”我对“漏子”后的自己说。
>
> “我知道。”我说。
>
> “你是害怕你也会像你母亲那样自杀。”我说。
>
> “我知道。”我说。[2]

《冠军早餐》的结尾是冯内古特本人和屈鲁特的对话。这位虚构的科幻小说作家“用我父亲的声音”对作者高喊：“让我年轻！让我年轻！让我年轻！”

基尔戈·屈鲁特大概是冯内古特本人最喜爱的笔下人物之一。这个角色出现在《冠军早餐》《上帝保佑你，罗斯瓦特先生》(*God Bless You, Mr. Rosewater*)、《五号屠场》《囚鸟》(*Jailbird*)、《时震》(*Timequake*) 等多部小说中。据说屈鲁特的原型是美国科幻小说家西奥多·斯特金，但从这个虚构的科幻小说作家身上显然也能看到冯内古特本人的影子。

七

冯内古特至少在两方面和基尔戈·屈鲁特处境相似：一，他写科幻小说；二，早期他一度不得志，作品无人问津。

一九四七年，冯内古特在经济上困窘不堪。此时他已从二战战场归来，在芝加哥大学攻读了两年硕士学位，但毕业论文却没有通过答辩，离开学校时，仍然是一个仅有高中文凭的人。此时他已结婚生子，有一个老婆和一个孩子需要养活。

经哥哥介绍，冯内古特在通用电气公司找到了一份工作。因为是理科出身，他被安排为公司实验室撰写研究报告。虽然他喜欢与科学家为伍，但深感这份工作并不合自己胃口，于是开始在业余时间写短篇小说。第一个短篇挣了七百五十美元稿费，相当于他当时六个星期的工资，紧接着第二个短篇又拿了九百五十美元，于是冯内古特决定辞去工作，全职写小说。（在当时，在那个电视、互联网还没有把读者夺走的年代，仅靠写短篇小说是可以养活一个作家的。这在如今几乎难以想象。）

辞职后，冯内古特把家搬到了位于科德角的一个风光如画的小城，开始了职业小说家的生涯。

于是，冯内古特住在科德角、以写作为生——这正是他母亲自杀前一直梦想但并没有实现的两件事。

八

一九五二年,冯内古特出版了第一本长篇小说《自动钢琴》。这部作品属于"软科幻小说"(Soft Science Fiction),其核心主题并非技术,而是社会和人。这部小说具有反乌托邦的色彩,故事发生在未来世界,当时几乎所有的工作都可以通过机器完成,手工劳动变得多余。社会分化成两个阶级——精通技术和管理、只须动脑不须动手的富有的上层阶级,和那些由手工劳动者组成、相对贫穷的下层阶级。一个叫做"鬼魂衫"的革命组织试图打破这种社会格局,但他们最终意识到:人类最需要的并非革命,而是希望和目标。冯内古特写《自动钢琴》受到了在通用电气的工作经历的启发。这部小说出版后并没有得到文学界的重视。

他的第二本长篇小说《泰坦星上的海妖》(*The Sirens of Titan*)和第三部长篇《夜母》(*Mother Night*)也基本上无人重视。回忆起当时的处境,冯内古特说:"那时候我的小说甚至连评论的人都没有。当时《绅士》杂志上登过一个美国文学界名录,稍微有一点儿价值的当代作家都会保证被包括在内。那里面没我的名字,这让我感觉低人一等。"

冯内古特笔下的科幻作家基尔戈·屈鲁特也许是作者早期不得志的写照。屈鲁特的生活孤单落魄,他总是有很多奇怪的点子,写了不少内容怪异的科幻小说,但从来没有得到过评论界的认可，也从未畅销，他的小说一度只能在出售色情读物的书店里见到——店主把它放在橱窗里，当作遮掩门面的幌子。

九

在那个时期，冯内古特的家庭生活也出现了很多问题。

一九五七年，他的父亲去世了。

不久，冯内古特四十一岁的姐姐爱丽丝——一位他挚爱的亲人——死于癌症。

爱丽丝去世的前一天，她的丈夫詹姆斯在去医院看望她的途中遭遇车祸，不幸身亡。

这对不幸的夫妇死后留下四个无人照顾的男孩，冯内古特夫妇领养了其中三个。加上自己的三个孩子，现在家中有六个小孩需要他们养活。

这期间，为了养家糊口，冯内古特做过教师、广告商，还开过一家出售绅宝牌汽车的车行。

在小说《时震》中，冯内古特写道：

> 有记者问我的儿子马克：从小生长在一个有一位名人父亲的家庭中是一种什么感觉？
>
> 马克回答说："我小的时候，我父亲是个卖车的，他连一份在科德角专科学校教书的工作都找不到。"

十

冯内古特第一部受到广泛注意的小说是《猫的摇篮》。这本书出版于一九六三年，仍然是一部科幻小说。“猫的摇篮”其实指的是一种用线绳在手上变换出不同图形的儿童游戏（所以又有人把这本书的书名译为《挑绷子》)。小说讲的是一位名叫乔纳的作家为写一部与广岛原子弹爆炸有关的书,结识了“原子弹之父”、科学家费利克斯·霍尼克博士，此人热衷科学研究，却对人类如何使用科技成果毫不关心。广岛原子弹爆炸那天，他毫不在意，还和儿子玩儿“挑绷子”的游戏。这位科学家发明了“九号冰”——一种可以让水在室温结成固体的物质。“九号冰”具有连锁效应，可以将与之接触的水固化，极具危险性。霍尼克博士死前将“九号冰”分给了三个孩子，他们却把它用来换取各自所需。在一个名叫山洛伦佐的海岛上，其中一个孩子担任专制政府的科学发展部部长。该岛被一位暴君统治，百姓信奉一种名为“波克农”的宗教。主人公乔纳来到这个海岛上，却经历了由“九号冰”引起的世界性灾难。

《猫的摇篮》涉及科技、政治、宗教等题材，充满想象力，带有黑色幽默色彩。小说篇幅虽然并不长，却分成一百二十七个章节，每章文字不多，结构松散，带有冯氏特有的东拉西扯的风格。这部小说终于获得了评论界的注意，《纽约时报》刊发了一篇简短的书评，对小说进行了肯定。在读者当中，《猫的摇篮》受到了一部分人的青睐，冯内古特开始拥有自己的“粉丝”。

若干年后，芝加哥大学把这部小说作为冯内古特的毕业论文，给他补发了二十五年前没有拿到的人类学硕士学位证书。

冯内古特于一九六五年出版的小说《上帝保佑你，罗斯瓦特先生》则是一部题材更为接近现实的作品。主人公艾略特·罗斯瓦特是一位通过继承某基金会遗产致富的百万富翁，他梦想帮助世人，同时着迷于当一名消防队员。该基金会的一名年轻律师见财起意，想通过证明罗斯瓦特精神不正常的方式从中获利。这部讽刺美国社会的长篇小说获得了评论界的更多重视，同样受到了好评。

然而，冯内古特真正的成功来自下一部长篇小说——《五号屠场》。

正是这部以二战时期盟军轰炸德国城市德累斯顿为背景的小说让冯内古特费尽了脑筋。也正是在这部小说中，冯内古特大胆地采用了标新立异的叙事方式，使得这部小说成为美国当代文学的经典，也获得了大批读者的喜爱和追捧。

十一

可以想象这样一幅画面：四十五岁的冯内古特在书房里枯坐，眉头紧锁。桌子上堆着数不尽的烟蒂和厚厚的一摞纸，上面是他酝酿了二十多年的战争小说。屋子里的烟味儿令人窒息，纸上的文字让人沮丧。

对于这部难写的小说，其实很多问题他已想得十分明白。比如：毫无疑问，他不想美化战争，不想替德累斯顿的轰炸做任何辩解，不想塑造任何英雄形象；他不想把视野局限于这场轰炸本身，他想描述战争对亲历者一生的深远影响；他也想写一写六十年代的美国。

他发现自己被一些难题困住了。比如：和其他幸存者一样，他本人对那场灾难的记忆支离破碎，那么应该如何从中捋出头绪，整理出一个带有起承转合的、线性的、完整的故事？再比如，既然同时也要写战后的当代美国，那么应该如何处理几十年的时间跨度，才能让读者清晰地看到战争对战后生活的影响？还有，在风格上如何处理，才能不会让人感觉故作深沉，突出讽刺效果？

冯内古特没有告诉我们灵感是如何降临的。也许，当某支香烟被点燃的那一瞬间，一个念头忽然闪过，如火星划破凝固的空气，他忽然意识到：要解决这些问题，就必须放弃传统的叙事方式，必须打破按时间顺序讲故事的模式。

是的，假如不按时间顺序叙事，就无须把破碎的记忆碎片拼凑完整，小说也就不会陷入对所描绘的事件进行“前因后果”式的诠释，时间跨度也可以被打破，不同年代的故事可以被放在一起……

打破时间的前后顺序？如何实现？

也许在这个时候又一个灵感划破沉寂，让这位写惯了科幻小说的作家不禁露出喜悦的微笑。他忽然想到一个词：

时间旅行。

十二

小说《五号屠场》的主人公是一位名叫毕利·皮尔格里姆的二战美军战士，这个人物是一个典型的反英雄形象（这部小说里没有一个英雄），他被德军俘虏，和一批美国战俘一起被运到德累斯顿。在那里，他经历了英军对德累斯顿的轰炸，目睹了这座美丽的城市一夜间化为灰烬。战后，毕利结婚生子，成为一名配镜师。他在一次参加国际会议的途中遭遇飞机失事，此后呈现出精神分裂的症状，宣称自己曾遭外星人劫持，被绑架到一个名叫“特拉法玛多”的星球，和一个好莱坞女星一起被关在那个星球的动物园里供外星人参观。同时，他具有一种“挣脱时间羁绊”的特异功能，曾多次脱开时间链的束缚，在过去、现在和未来之间做“时间旅行”。

《五号屠场》所讲述的故事发生于三个不同的场景：二战中的欧洲、战后的美国，以及“特拉法玛多”星球。但小说叙事并没有按照事件的前后顺序依次讲述，而是跟随主人公毕利的“时间旅行”，在三个场景之间来回穿梭。例如，小说开头描写了一段二战中毕利和战友行军的过程，在一个树林里，毕利忽然开始时间旅行，回到童年，从那里他又来到战后的一九六五年、一九五八年、一九六一年，然后又回到二战战场，被德军

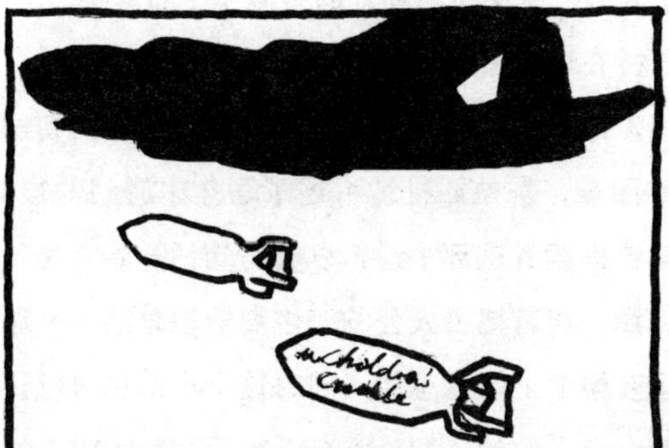
VONNEGUT
SLAUGHTER
HOUSE-FIVE

俘虏，在被俘过程中他再次穿越时空，来到战后，被飞碟劫往外星……如此这般，整部小说在二战战场、战后的美国和外星之间来回穿梭，故事情节在时间坐标轴上前前后后来回跳跃，仿佛是对主人公一生中生活场景的看似无序的拼凑。

冯内古特在这部作品里还使用了“元叙事”的手段。在该书的第一章，作者本人出现在读者面前，回忆了当初写这部小说时遇到的困难，东拉西扯地讲述了写作中遇到的很多事情，他甚至提前告诉读者这部小说将以哪一句话开始、哪一句话结束。在第二章，作者把主人公的一生简短地总结了一遍，几乎完全放弃了在情节上制造悬念（同时这个小结也可以让读者对故事梗概有一个大致的了解，不至于被后面跳来跳去的时空穿梭搞糊涂）。

在叙事语言方面，冯内古特大量使用平实的口语，语气如聊天一般，夹杂着戏谑和调侃，再加上书中出现的外星人、时间旅行等荒诞情节，使小说带有强烈的幽默色彩。

然而这种幽默是黑色的。小说虽然形式怪诞，但读者能够感觉到文字背后的悲凉。战争不但夺去了大量宝贵的生命，也让活着的人丧失了信念，再也找不到生命的意义，于是精神分裂、宿命论成为回避痛苦的途径。

《五号屠场》出版于一九六九年，当时正是越战期间，美国国内反战情绪高涨，此书一经出版，立刻大受读者欢迎，成为当时的畅销书。冯内古特被邀请到各地发表演讲，到大学讲课，这本书带来的丰厚收入让他从此衣食无忧。评论界对这本书好评如潮。冯内古特从此不再是个“不入流”的科幻小说作者，他终于跻身于著名作家之列。

十三

他自杀时六十二岁。

一九八四年，著名作家冯内古特在纽约家中吞下了大剂量的药物，试图自杀。后经抢救，最终脱离了生命危险。

对于那次自杀的细节很难找到详细的资料。在介绍冯内古特生平的文章中偶尔会读到这一事件，然而这些文字对此大多一带而过，均无详述。也许人们更乐于接受冯内古特诙谐风趣的一面，而不愿意去面对这位作家曾经长期被抑郁症所困扰这一事实。

是什么让这位作家走向抑郁？

也许，他的抑郁与父母有关。少年时期父母对子女的疏离以及后来母亲的自杀无疑会在他的内心深处留下阴影。冯内古特曾坦言，从六岁起，他就开始经历定期的情绪爆发。

也许，他的抑郁与婚姻破裂有关。一九七一年，冯内古特和一起生活了二十五年的妻子珍妮分居。他自己离开科德角，搬到了纽约市（一九七九年冯内古特与第二任妻子吉尔·克莱门茨结婚，定居纽约）。

也许，他的抑郁与儿子有关。一九七二年，冯内古特的儿子，二十三岁的马克·冯内古特精神失常，被送进精神病院（后来他经医治康复，并写过一本相关的回忆录，现为一名医生）。

也许，他的抑郁与二战中的经历有关。在战争中冯内古特做过战俘，目睹过屠杀，这些影响不能排除。

也许，他的抑郁与写作有关。《五号屠场》获得成功后，冯内古特忽然感觉该写的都已写完，接下来似乎再没有什么值得去写了。后来他开始创作《冠军早餐》，但自己感觉并不满意，曾经中途停笔，去写过一阵舞台剧。《冠军早餐》最终于一九七三年出版，却遭到评论界尖锐的批评。一九七六年冯内古特又出版了长篇小说《打闹剧》（*Slapstick*），不料反应更糟。文学界似乎试图将这位理科毕业、写过通俗小说、如今十分畅销的作家拒之门外。冯内古特回忆当时的情况时说："他们暗指我是个粗俗的作家，指责我虽然写作却没有系统地学习过文学经典，说我不是一个得体的人，因为我曾经很起劲儿地给流行杂志写过烂小说。"

也许，他的抑郁一直在伴随他，只是在那一天，某个细小的豁口偶然裂开，于是，长时间聚积的浊水猛然间汇成一股猛烈的洪流，决堤而出。

十四

然而他并没有因此停止写作。冯内古特坚持写小说，写小说时他坚持自己的风格。他的小说谈论人类的痛苦、生活的荒谬，谈论不幸，谈论死亡。他笔下的句子简短直白，他的叙事方式天马行空，他的作品带有悲观主义色彩，但他的文字总是充满幽默感。

冯内古特是这样谈论幽默的：

> 幽默差不多是对恐惧的生理反应。弗洛伊德说，幽默是对挫折的反应——几种反应之一。
>
> 大量的笑是由恐惧引起的。多年前，我在做一个滑稽电视系列节目……每一集都要提到死亡，这一要素会让观众笑得要死，而他们又发现不了我们是怎么逗人捧腹大笑的。
>
> 真的，有一种东西叫没有笑声的玩笑，弗洛伊德把它称作绞刑架上的幽默。现实生活中有这样的情形，它是那样地无助，以至任何安慰都没有用。

也许只有精通痛苦的人才能精通幽默。冯内古特应该属于这种人。

对于一个精通幽默的人，也许痛苦会变得稍稍可以忍受一些。

十五

一九七九年，冯内古特凭借长篇小说《囚鸟》使自己在文学界的声誉得以重振。这部小说更具现实主义色彩，通过主人公斯代布克的自述，揭示了美国社会从三十年代到七十年代的社会混乱。小说描写了主人公一生中多次入狱的经历，并穿插了大萧条、二战、朝鲜战争、麦卡锡主义、越战、水门事件等美国历史上的重要篇章。这部作品仍然是一部充满讽刺和笑料的黑色幽默小说。这本书让人们发现：冯内古特对于当代美国社会还有很多话可说。

一九八七年出版的《蓝胡子》（*Bluebeard*）则显示了冯内古特在写作上的新突破。该书以一位七十多岁的独眼画家的自传形式出现。这位画家与童话《蓝胡子》的主人公一样，也有一个不愿说出的秘密。当一位女性闯入他的生活，他不得不开始讲述自己一生的故事。在这篇以艺术家为主人公的长篇小说里，冯内古特放弃了常用的科幻小说的模式，着重描写艺术对人的影响以及男人和女人之间的关系。冯内古特并不是一位以描写女性见长的作家，但在这部小说里却成功地塑造了两个有血有肉的女性形象。这本书仍然带有幽默色彩，但读者可以从中读到很多关于艺术的思考和见解。

冯内古特的最后一部长篇小说是出版于一九九七年的《时震》。该书又是一部科幻小说，虚构人物、科幻作家基尔戈·屈鲁特再次登场。所谓“时震”，指的是一种“时间震荡”——在二〇〇一年的某一时刻，时间忽然返回一九九一年，于是所有人不得不毫不走样地重复过去十年内已经经历过一遍的生活。这部小说探讨的是自由意志，但同时又像一部冯内古特本人的自传，因为他把很多自己的真实经历也写进了书中。

除了小说，冯内古特还写过很多随笔。他生前出版的最后一本书是一本叫做《没有国家的人》（*A Man Without a Country*）的随笔集。该书出版于二〇〇五年，当时冯内古特已经八十多岁，但读者仍然喜爱这位作家，这本书和他的其他作品一样，依然能够畅销。

十六

二〇〇〇年一月的一个夜晚，一股浓烟从位于纽约市第四十八街的一座住宅楼的二楼窗口冒出，透过窗帘可以看到房间里闪烁着火光。当消防车赶到现场的时候，那个失火的房间已经被火焰吞噬掉一大半的家具和陈设。室内弥漫着浓烟，房间里躺着一个昏倒的男人。

那个男人是七十七岁的作家冯内古特。

十五年以前，这位作家曾经在这里服药自杀，经过及时抢救，才被从死亡的边缘拖了回来。

五十多年以前，他曾经目睹了自己母亲的自杀。母亲得了抑郁症。母亲没有活过来。

他本人也曾被抑郁症困扰。他曾长时期服用抗抑郁药物，并定期接受心理医生的治疗。

人们说他是一个悲观主义者。

在他的小说里，经常可以读到关于精神崩溃、关于抑郁、关于自杀的描写。

但是人们喜欢把他的小说称为黑色幽默小说。

因为他在小说里既讲不幸，也讲笑话。

他躺在医院的急诊室里，昏迷不醒。

但他再一次和死亡擦肩而过。

事后，当回忆起那次事件，他会开玩笑说：如果那次真的死了，应该算是死得像模像样！

那天晚上，他躺在家里二楼的床上，一边吸烟一边看电视里的橄榄球赛。那应该是一场很不精彩的比赛，因为他中途睡着了，手里还夹着香烟。仍在燃烧的香烟引起了那场大火。烟草公司的警告其实是有道理的：吸烟有可能带来生命危险。

和十五年前一样，他在病床上昏迷了几天，又醒了过来。

在昏迷中他很可能再次和死神进行了对话。这次，他说的应该是：嘿嘿，我真的不想走。

* 〔1〕〔2〕引自《冠军早餐 / 囚鸟》，译林出版社二〇〇七年版。
* 书中所引国外作品除特别标注外均为作者翻译。

奥康纳为何如此"邪恶"？

一九五七年，诗人兼文学评论家T. S. 艾略特读到一本名叫《好人难寻》（*A Good Man Is Hard to Find and Other Stories*）的短篇小说集，作者是一位崭露头角的美国南方女作家，名叫弗兰纳里·奥康纳（Flannery O'Connor）。这本书里有几篇小说让艾略特感到"毛骨悚然"，在写给友人的信中，他这样评价这位文学新人："可以肯定，此人身上有一种奇异的天赋，才艺当属一流，可是我的神经不够坚强，实在承受不了太多这样的搅扰。"如今，奥康纳已经去世五十年，《好人难寻》中收录的几篇小说已经成为美国文学的经典，而此书的中译本已于二〇一〇年出版。

对奥康纳的小说感到惊愕的绝不止艾略特一人。"邪恶"——这两个字不但是《好人难寻》中译本腰封上最惹人注目的字眼，也是一段时间以来不少国内作者提及奥康纳时最偏爱的形容词。人们谈论奥康纳的"邪恶"时大概有两层意思：一是她塑造的人物往往道德败坏、行为邪恶；另一层意思是说这位作家本身可谓邪恶——她似乎极度冷血，写的故事充满暴力，经常安排弱者惨遭厄运，对笔下的人物没有丝毫同情：在标题小说《好人难寻》中，一家老少六口开车出门旅行，不料遭遇三个在逃的歹徒，全家人惨死路边，无一幸免；小说《河》写一个四五岁的城里男孩被保姆带到城外河边参观布道，还接受了洗礼，次日，男孩只身跑到河边，想要亲身实践“在生命的深河里漂流，进入基督之国”（前日牧师所言），却被河水无情地吞没；《救人就是救自己》讲一位老妇人把自己的智障女儿嫁给了一个看上去好心而且能干的流浪汉，流浪汉修好了家里熄火多年的旧车，说要携妻子驾车出游，却在途中将智障的妻子丢下，独自开着骗到手的汽车一去不归。

阅读这些小说，读者很容易得出这样的结论：奥康纳想要展示的是道德的沦丧、人性的丑陋、上帝的隐退、宗教的无能。这些故事几乎都止于悲剧或者不幸，少有“光明”的结尾——看来这位作家不仅邪恶，而且相当悲观。

奥康纳为何如此“邪恶”？为了找出答案，我们有必要去了解她的生平、关注她的言论、搜寻对她作品的各种评论和解读。随着线索的不断积累，问题的答案未必能被找出，而原来的结论却很可能被彻底推翻。我们可能会惊奇地发现：原来自己一直在“误读”奥康纳，很多困惑得以消除，可是新的困惑又接踵而来……

对于理解奥康纳的小说，“邪恶”并不是最合适的关键词。假如我们非要使用关键词来标注这位作家，那么另外两个可能更为贴切：一个是“南方”，一个是“天主教”。

奥康纳于一九二五年生于美国南方的佐治亚州，在那里读完了中学和大学本科，并对写作产生了兴趣。当她于一九四六年去著名的“爱荷华作家工作室”进修写作时，她的南方口音如此浓重，以至于初次和导师面谈时导师不得不让她把想要说的话全都写在纸上。早在奥康纳十五岁时，他的父亲因为染上红斑狼疮而过早辞世，而她本人在二十六岁时也被确诊染上同一种病，据说只能再活五年。为了养病，奥康纳回到南方的故乡，和母亲一起在佐治亚州的农场上生活，一直坚持写作，还饲养了上百只孔雀（《好人难寻》新星出版社二〇一〇年三月版的封面图案是一支孔雀翎），她终生未婚，直至三十九岁去世。

奥康纳一生写了两部长篇小说——《智血》（*Wise Blood*）和《暴力夺取》（*The Violent Bear It Away*），以及三十多篇短篇小说，这些短篇收集在《好人难寻》《上升的一切必将汇合》（*Everything That Rises Must Converge*）和《短篇小说全集》（*The Complete Stories*）中。

奥康纳在作品中描绘了美国南方的风物。《好人难寻》中的故事大部分发生在南部的乡下，其中至少有四篇小说的主要人物是一对生活在农场上的母女（丧偶、守旧的老妇人和她性格孤僻的女儿），这些人物身上大概有奥康纳和她母亲的影子。

奥康纳笔下人物的言谈举止都带有南方特色，尤其是人物的对话，如果有机会阅读英文版，读者可能会从很多人物的对话中读出美国南方口音，比如《善良的乡下人》中的圣经推销员说："You ain't said you loved me none."（"你还没说你爱我呢。"）"I just want to know if you love me or don't cher?"（"我只想知道你是不是爱我。"）

奥康纳的小说常被归类于"南方哥特式小说"（Southern Gothic）。这一流派是哥特小说在美国的分支，开山鼻祖包括十九世纪的爱伦·坡、霍桑和安布罗斯·比尔斯等人。在上世纪二三十年代，威廉·福克纳对此风格加以创新，使之重新流行，之后更有田纳西·威廉斯、杜鲁门·卡波特（Truman Capote）、考麦克·麦卡锡、卡森·麦卡勒斯和奥康纳等人被评论家一并归入这一流派之列。和传统的哥特小说相似，"南方哥特式小说"常常弥漫着恐怖、荒凉、神秘、腐朽的气息，情节中也不乏暴力、邪恶、阴暗、离奇的成分。然而，从福克纳开始，这些作家们开始更多地关注现实，他们借用这种小说形式来反映美国南部的种族歧视、贫困、愚昧、暴力等社会问题。

"南方哥特式小说"最显著的特征之一就是"怪诞"：出场的人物往往外形古怪、性格反常、行为乖张；故事的发生地往往破落、封闭、充满不祥之兆；故事情节往往荒诞、离奇，甚至充满暴力。这些特点在小说集《好人难寻》中都有所表现。这本书中经常出现躯体或身心有残缺的"畸人"：《救人就是救自己》的主人公是一个只有半截胳膊的流浪汉，他的妻子是一个天生智障;《圣灵所宿之处》中出现了一个阴阳人;《善良的乡下人》的女主人公安着一条木制假腿。暴力和不幸事件在书中反复出现:《好人难寻》中的残杀、《河》中的溺水、《火中之圈》里的大火、《临终遇敌》里的猝死、《善良的乡下人》中的抢劫、《流离失所的人》中的车祸,等等。《好人难寻》一书收有十篇小说,全书共有十人死亡,平均每篇小说死掉一个。

对于这些夸张的写法,奥康纳解释说:"对于耳背的人,你得大声喊叫他才能听见;对于接近失明的人,你得把人物画得大而惊人他才能看清。"

奥康纳于一九五〇年代出现在美国文坛后,她的才华立刻受到了评论界的肯定。然而,有很长一段时间,对奥康纳小说的解读止步于"南方哥特式小说",不论是文学评论家还是普通读者,几乎没有人觉得这些小说除了表现人性的阴暗以及偶尔触及一些南方社会问题之外还有其他任何深意。

随着时间的推移,人们开始注意到,奥康纳本人是一位虔诚的罗马天主教徒,她的小说似乎与宗教有关。奥康纳去世后,她的一本随笔集和一本书信集相继出版,在这两本书收录的文字中,奥康纳不但清楚无误地表明了她本人的宗教信仰以及宗教在她作品中至关重要的作用,而且还对她自己的一些小说做了详细的解读。于是,读者和评论家们发现:几乎奥康纳的每部作品都有宗教含义,而自己长久以来对她的那些小说的理解几乎可以说是"误读"。

“我的小说的主题就是：上帝的恩惠出现在魔鬼操纵的领地。”

奥康纳出生、成长于天主教家庭，她一生都坚定地信仰天主教，似乎没有经历过任何信仰危机。她说："我是站在基督教正统教派的立场上看世界的。这意味着，对我来说，人生的意义集中于基督对我们的救赎，世间万物在我的眼里无不与此有关。"

然而，读者难免对此心存疑惑。一般人会认为，宗教小说家写的小说肯定充满宗教色彩，要么是为了证明作者的信仰，要么是为了呼唤读者对这种信仰的热情，即使不那么直露，至少也会通过小说让读者对其信仰产生一些好感。可是，读奥康纳的小说，我们不但很少发现这方面的尝试，而且读后的效果往往恰恰相反。小说集《好人难寻》中多次出现牧师、圣经、修道院、洗礼等和宗教有关的事物，可是它们常常以负面形象出现，甚至往往导致厄运。例如：面对歹徒，小说《好人难寻》中的老妇人最后试图借助宗教的力量来感化对方，结果却遭了三枪一命呜呼；《河》中那位牧师充满隐喻的布道恰恰是导致小主人公最后溺死的原因；《圣灵所宿之处》中描写了两个修道院里的女生，她们浅薄、俗气，没有任何宗教神圣感；而《善良的乡下人》中那个表里不一的骗子正是一位圣经推销员。难道奥康纳指望人们读了这些故事之后受到感化进而皈依天主教吗？

事实上，奥康纳的小说在早期甚至遭到过来自宗教媒体的批评，一篇刊登在天主教杂志上的评论指责她的小说是"对圣经的粗暴否定"。然而，在奥康纳看来，小说绝不应该是宗教的宣传品。受法国天主教哲学家雅克·马利坦的影响，她坚持认为：严肃的天主教小说家并不需要承担在作品中宣扬宗教的义务。她说，小说家“不应该为了迎合抽象的真理而去改变或扭曲现实”，“如果作品在完成后让人感觉作者采用欺诈的手段篡改、忽略或扼杀了相关的情节，那么不论作者的初衷如何，结果只会事与愿违”。

在美国南部，大部分基督徒信奉的是新教，而非奥康纳信仰的天主教。在她眼中，南方的宗教是一种缺乏正统教义指导、时常盲目地自作主张，让人感觉“既痛苦、又感动，还有些狰狞滑稽”的宗教。所以，从奥康纳的小说里可以读出作者对南方新教徒的某些讥讽。

既然绝非宗教宣传品，那么，出自这位天主教作家的那些貌似“邪恶”的小说到底在试图向读者传递些什么呢？

假如作者保持沉默，这个问题大概一直难以得出定论。好在奥康纳本人对此给出了清晰的答案，她告诉我们：“我的小说的主题就是：上帝的恩惠出现在魔鬼操纵的领地。”又说：“每一篇出色的小说里都有这样一个瞬间：你可以感觉到，天惠就在眼前，它在等待被人接受或者遭到拒绝。”

在这里，奥康纳向我们提供了一把理解她的小说的钥匙，这把钥匙上刻着“天惠时刻”（Moment of Grace）这几个字。在她的小说里，尽管大部分时间故事里的人物都被堕落、自私、愚昧、自负、欺骗或冷漠所掌控，但是，总有那么一个时刻（往往在接近小说结尾处），奥康纳会安排上帝的恩惠（或曰“天惠”）

降临到他们身上，在这圣灵显现的一瞬间，这些人物突然受到某种精神上的启迪，进而达到某种“顿悟”，他们也许会接受这一天惠，也许会拒绝它，但不管怎样，这一灵光闪现的“天惠时刻”会使他们的内心发生改变。

这一时刻又是如何到来的呢？面对这个问题，奥康纳又将另一把钥匙递到我们手中，这一把钥匙上刻着的字是“暴力”(Violence)。她说：“我发现，暴力具有一种奇异的功效，它能使我笔下的人物重新面对现实，并为他们接受天惠时刻的到来做好准备。”她接着说：“一个人要想重新面对真实世界，他必须付出相当大的代价——这个观念对于平常读者来说很少有人理解，然而它却蕴含在天主教徒的世界观之中。”

手握来自奥康纳的两把钥匙，让我们试着打开通向她的小说核心的大门。有必要事先声明：这扇门并不通向我们以往常走的那条路，我们也未必从心底里完全接受这张路线图，可是，既然我们对钥匙的主人如此感兴趣，那么为什么不按照她指引的方向走上一遭呢？

《好人难寻》是奥康纳最著名的短篇小说。故事分成两部分：前一部分写一家六口人（一位爱讲话的老太太、似乎总是很闷的儿子和儿媳、一对缺乏家教、喜欢出口伤人的孙子孙女，还有一个不会讲话的宝宝）驾车去佛罗里达旅行。老太太显然是故事的主角。我们不难发现，这位老太太有点儿自我中心，还爱打小算盘：为了去见老熟人，她想方设法劝一家人改变原来的计划去东田纳西；因为不舍得丢下猫咪，她偷偷把它藏在篮子里带上了车；想去看看年轻时到过的一座种植园，她就骗全家人说那座宅子里暗藏财宝；发现自己指的路不对，她却暗自决定不提此事；自己踢翻了藏猫的篮子导致车翻进沟里，她却忙说自己受了内伤，以求获得同情、不受责难。也不难看出，这位老太太颇爱虚荣：她上路前打扮得整整齐齐，因为她想“万一发生车祸，她死在公路上，所有人都能一眼认出她是位有品位的太太”；聊天中提及自己年轻时的追求者，她说自己本来不介意嫁给他——“谁让他是位绅士，而且在可口可乐的股票一上市时就屯了不少呢？”老太太一路喋喋不休，还爱发表议论，但是她的论调几乎全是未经真正思考的肤浅的陈词滥调。在餐馆里，店主感叹说：“这年头都不知道该信谁。”老太太立刻接话：“人心不古啊。”店主提到自己让人赊账加了油，后悔“我干吗要那么做呢？”老太太想都不想立刻说道：“因为你是个好人！”聊天中提及现在的日子不如以前了，老太太断言“这笔账都该算到欧洲人头上去。”

在小说的后一部分，以“格格不入”为首的三个在逃犯出现在车祸现场。也许正是因为老太太喊出“格格不入”的名字，才最终导致全家被杀。这一部分故事的前景是老太太和“格格不入”的对话，她试图说服对方改邪归正、莫开杀戒，而在背景里，另外两个逃犯正把她的家人一个接一个地拖到树林里杀掉。仔细阅读老太太和“格格不入”的对话，你不难得出这样的结论：绝大部分从老太太嘴里说出来的话依然是肤浅的套话，相比之下，“格格不入”的言论听起来更像是独立思考的结果，反倒显得更加深刻。老太太先是重复盲目、虚伪的奉承（“我知道你是个好人”、“我知道你是好人家出身”），眼见亲人一个个被杀，她又下意识地试图通过宗教的力量来感化对方，可是因为她从未对宗教做过真正深刻的思考，所以嘴里说出来的只是些“要是你做祷告的话，耶稣会帮你”这样空洞无力的套话。这番话倒是引出了“格格不入”的一段充满虚无主义色彩的陈词，他的人生哲学是邪恶的，但是他说出的一番话却是坦诚甚至可以说是深刻的，绝非老太太那种人云亦云。在小说的结尾，亲人已全部被杀，独自面对“格格不入”（此时他穿着从被害的儿子身上扒下来的运动衫），老太太做出了一个异样的举动——

> 她低声说：“哎呀，你是我的儿呢，你是我的亲儿！”她伸出手去摸他的肩头。“格格不入”像是被蛇咬了似的向后一跃，当胸冲她开了三枪。然后他把枪放在地上，摘下眼镜擦了擦。
>
> 希拉姆和波比·李从树林里回来了。他们站在沟渠上方，看着半坐半躺在血泊之中的老太太，她的两条腿像孩子一样盘在身下，面孔朝向无云的天空微笑着。

奥康纳交给我们的两把钥匙此时碰撞在一起，发出叮当的声响。很多读者会认为：老太太最后的那句话和那个抚摸的动作是她为了自救而使出的最后一招，“格格不入”因为受不了她的肉麻而将其击毙。然而，在奥康纳看来，此时此刻正是老太太的“天惠时刻”，在暴力的强烈冲击下，她忽然看清了自己，也看清了自己对面的“格格不入”，她突然顿悟了，发现自己本质上并不比这位逃犯高尚，她以前肤浅的价值观忽然被一种大爱所代替，于是她对身穿自己儿子衣服的“格格不入”说出了整篇小说中她说过的唯一一句真诚的、深刻的、发自内心的话：“你是我的儿呢，你是我的亲儿！”而这一时刻对于“格格不入”来说也是一种“天惠时刻”，虽然这位冷酷的虚无主义者并没有接受这一天惠，而是本能地开枪杀死了老太太，但是，这一时刻仍然撞击了他的灵魂，并有可能改变他的一生。在小说结尾，这位刚才还在宣称“不干点儿坏事儿就没乐趣”的逃犯此时却对他的同伙说：“人生没有真正的乐趣。”而接受了“天惠”的老太太虽然结束了生命，但她在生命最后的时刻超越了自己，她死去时已经不再是小说开始时那个自私、虚荣、肤浅、伪善、自以为是的人，她“像孩子一样”，“面孔朝向无云的天空微笑着”死去了，她应该能在天堂里享受快乐。

以上基本就是奥康纳本人对这篇小说的解读（至少应该不会相差太远）。她还建议：“在这篇小说里，读者应该格外留意的是上帝的恩惠对于老太太的灵魂的作用，而不是那些死尸。”在小说中，“格格不入”杀死老太太以后对他的同伙说了一句意味深长的话——

"她可以变成个好人的，""格格不入"说，"要是每分钟都有人对她开枪的话。"

这句话更像是奥康纳本人借"格格不入"之口说给读者听的。因为她相信，暴力往往是通往"天惠"的途径。

由此看来，我们并无理由指责奥康纳对她笔下的人物过于"残忍"，因为，不管她如何无情地讽刺他们，淋漓尽致地写出他们身上的缺点（或曰"罪"），她都会最终安排"天惠时刻"降临到他们的身上。她其实对他们充满同情。

同样的两把钥匙（"天惠时刻"和"暴力"）也可以帮助我们打开通往其他小说的门。《善良的乡下人》也是一个初读有些残酷的故事。主人公胡尔加是一个和母亲一起在乡下农场生活的三十二岁的老姑娘，她拿到过哲学博士学位，是一位无神论者，因为童年时的一起意外，她一直装着一条木制假腿。一天，家里来了一个推销圣经的"善良的乡下人"，这个小伙子看上去是一个忠厚老实的基督徒。也许是欲望的驱使，也许是为了巩固自己的无神论信念，胡尔加决定勾引这个在她看来相当迂腐的乡下人。可是，当他们真正开始约会，胡尔加却发现对方其实是个表里不一的骗子，他坦言自己"生下来就什么都不信了"，在小说结尾处，胡尔加不但受到了精神上的重创，而且被骗子抢走了她的假腿（这一情节显然相当怪诞）。然而，按照奥康纳为我们提供的思路，这个兼有身体暴力和精神暴力的时刻对于胡尔加来说正是她的“天惠时刻”：她的自负遭到了重创，她的无神论和虚无主义观念受到了动摇，她惊愕地对圣经推销员说“你是个基督徒！”——在这一刻，她可能会意识到，自己并非什么都不相信，基本的道德观念和对宗教的依赖其实一直埋藏在心底里，这一发现无疑会改变她的生活。

同样，我们不难在奥康纳的其他小说里发现“天惠时刻”。在小说《河》中，小主人公被河水吞没的时刻正是奥康纳为他安排的“天惠时刻”，她想让我们相信，这个小男孩得到了启迪，他终于摆脱了以前生活的那个充满铜臭和空虚的世界，真的“漂到了基督之国”。在某些小说中暴力并不是“天惠”的直接催化剂（或者表现得并不那么明显）。在《救人就是救自己》的结尾，是那个搭车男孩的咒骂（可以算作语言上的暴力）和他的跳车行为带来了主人公史福特利特的“天惠时刻”；在《人造黑人》中，是撞人事故之后爷孙两人共同面对的那座“人造黑人”雕像引出了这篇小说里的“天惠时刻”：这座雕像“在他们共同失败后让他们聚拢在了一起。他们都感到它像一个怜悯之举消解了两人之间的隔阂”。

我们直至此处的分析其实只不过是蜻蜓点水。假如沿着这条路继续走下去，我们可能会开始讨论“格格不入”所开的三枪和基督教“三位一体”概念之间的联系，分析“被蛇咬了似的向后一跃”中的那条蛇在伊甸园中的渊源，接下去我们可能会去探讨《火中之圈》里的三个纵火男孩和《旧约·但以理书》

中的沙得拉、米煞和亚伯尼歌的相似之处，而《善良的乡下人》结尾处那句“他蓝色的身影在一片绿迹斑斑的湖面上方奋力前行”难道不会让人联想起耶稣在水面上行走的身影吗？

问题是，即使奥康纳并不介意我们走得这么远，我们自己是不是还愿意继续走下去呢？

不论如何，至此大概可以肯定，奥康纳并非如我们想象般地“邪恶”。曾经“误读”她的读者大可不必顿生挫折感——这些小说问世之后不是有那么长时间连文学评论家们都“不得要领”吗？

奥康纳交给我们的钥匙显然并不适合每一个人。假如你是一个并不认为死后存在来世、并不相信天堂地狱之说的读者，《好人难寻》和《河》的结局对你来说无论如何都是悲剧——一位老者被歹徒枪杀、一个男孩被河水淹死，两条生命已经不在，那么所谓的“天惠”还有什么意义？

文学评论界的新批评学派(恰巧T. S. 艾略特也是其中一员)认为:要理解一篇文学作品，全部答案就在作品本身，除此之外，作品的背景、作者的创作意图等等文字之外的因素都应该被排除在外。按照这一理论，我们欣赏奥康纳的小说完全没有必要知道作者的宗教信仰以及她对自己的小说做何解释。当然，这种观点听起来未免过于极端——对作品感兴趣之后我们必然会关注作者，而当关于作者的资料摆在眼前，难道你想让我们假装视而不见？也许，我们可以在此十分明智地打个折扣，然后承认：最重要的是作品本身，其他一切均属次要。

当我们的视线沿着一行行精彩的文字向前移动，我们其实并不需要借助任何来自文字以外的帮助就完全可以得出自己的结论：这些小说写得真是好看！

奥康纳在世时曾经收到过一封读者来信，写信的是一位学生，她在信中向这位作家求教：到底应该从她的小说里读出什么样的启示？奥康纳在回信中是这样建议的："忘掉'启示'，试着去享受阅读的乐趣吧。"

* 本篇引文引自《好人难寻》，新星出版社二〇一〇年版。

雷蒙德·卡佛：刻小说的人

契诃夫

在最近几年里，我的生活中出现了光芒和恩惠。

——雷蒙德·卡佛，一九八八

一九八七年六月，《纽约客》杂志发表了一篇雷蒙德·卡佛的短篇小说，名叫《差事》。熟悉卡佛的读者发现，这篇小说与作者以往的作品有很大不同。卡佛笔下的典型人物一直是那些中下层美国人，他们居住在无名的城镇，形象普通得不会吸引任何人注意。而《差事》则大不相同，写的是俄国作家契诃夫的死。契诃夫是卡佛的偶像和写作上的导师。在这篇小说里，卡佛虚构了契诃夫从染上肺炎开始吐血一直到他在德国去世的过程，其中提到一个细节：契诃夫的妹妹去医院探望他时，在病房的桌子上看到了一件“让她惊恐的东西”，那是一张医生手绘的契诃夫肺部示意图，图中的肺用蓝色线条勾勒，但肺的上部涂满红颜色，她意识到，那部分代表患病的区域。

《差事》发表的时候正是雷蒙德·卡佛写作生涯的鼎盛时期。这位出生于西北部贫穷锯木工家庭、年轻时为养家糊口奔波劳累、后来又因为酗酒险些丧命、打过各种杂工、曾在各地辗转流离、经历过两次破产和一次婚变的小说家兼诗人，经过多年的打拼，终于获得了文学界的承认和褒奖："自海明威以来最出色的短篇小说家"、"美国的契诃夫"、"极简主义"（Minimalism）——这些荣誉和标签可谓来之不易。此时他已经出版了《请你安静些，好吗？》（*Will You Please Be Quiet, Please?*）《当我们谈论爱情时我们在谈论什么》（*What We Talk About When We Talk About Love*）《大教堂》（*Cathedral*）等短篇小说集和若干本诗集。此时他已戒酒多年，和他生活在一起的是即将成为他第二任妻子的女作家苔丝·加拉格尔。

《差事》是卡佛的最后一篇小说。

一九八七年九月，也就是《差事》发表后的第四个月，卡佛像契诃夫一样开始吐血。十月初，卡佛被查出肺癌，他的左肺被切除了三分之二。第二年六月，卡佛的肺部再次发现癌细胞。当月，他和苔丝举行了简单的婚礼。一九八八年八月二日清晨，卡佛因肺癌死于家中。

在最后的日子里，卡佛一直在写未完成的诗集。有一天，这位作家对他的妻子说："宝贝儿，我们已经被载入史册。"

临终前，卡佛每天静静地坐在家里的门廊上，望着院子里栽种的玫瑰花出神。去世前几个小时，卡佛告诉妻子，他是多么喜爱契诃夫的小说。

契诃夫去世时四十四岁。卡佛去世时五十岁。

雕刻匠

写短篇小说和写诗的相似程度绝对超过写短篇小说与写长篇小说的相似程度。

——雷蒙德·卡佛

我平日里是个害羞的人，可写起东西来就是另外一回事了。

——雷蒙德·卡佛

雷蒙德·卡佛的姓 Carver，如果按字面翻译，就是“雕刻匠”的意思。和契诃夫一样，卡佛一生热衷于对短篇小说的雕刻（这位作家没有写过长篇小说）。他的刀法纯熟，到后来自成一派。直到今天我们读他的作品时，可能还会赞叹一声：“嗯，活儿确实不错！”

这些天来，我一直在重读《我打电话的地方》（*Where I'm Calling From*），一本英文版的卡佛小说自选集。每次合上这本书，我的视线都会再次和卡佛相遇。

那是印在封面上的一张卡佛的照片。在这张黑白照片中，卡佛坐在一张桌子后面，右手搭着椅背，左手放在桌上，他的眉头紧锁，眼睛死死地盯视着镜头，仿佛那里有一道复杂的数学题，急需他在最短的时间内解出答案。可以想象，画面外的摄影师希望这位作家摆出一副潇洒的姿势、提供一个深邃的眼神，然而，我们最终看到的却是一个表情有些紧张的中年男子，他的肢体僵硬，神经紧绷，眼神中隐隐流露出紧张、困惑和焦虑不安。

我走到电脑前，在互联网上搜索有关卡佛的信息。在一个英文网站上，我找到了一段卡佛当年接受采访的录音。听这段录音让人感觉在听一个嫌疑犯接受警方的调查。卡佛的声音底气不足，吐字磕磕绊绊，句子断断续续，有时需要依靠短暂的停顿来思考究竟该使用哪个合适的字眼儿来继续眼下这个已经进行了一半的句子。在这段录音里，卡佛呼吸的声音清晰可闻，他的呼吸沉重，像一张砂纸在不断地打磨着麦克风，这些呼吸之间偶尔会插入一两次深深的吸气，让人怀疑屋子里的氧气是否已经被这个不善言辞的讲话者耗尽。

无法言传

你不是你笔下的人物，但你笔下的人物是你。

——雷蒙德·卡佛

卡佛笔下的人物几乎没有能言善辩的。他们用最普通的思维方式思考，用最基本的日常语言交流。可是，在这些故事中，

“我对写短篇小说没有任何自己的理论。我只知道自己喜欢什么和不喜欢什么。”

这些普通人的普通生活往往被某一件异样的事情打乱，他们感觉到了这种异样，并且能隐隐预感到自己的生活可能因此变得不同。然而,由于他们不善言辞,也从未学会和自己的内心交流，于是，他们往往陷入一种“无法言传”的困境。

小说《你们为什么不跳个舞》写一个（大概刚刚离异的）中年男子在自家庭院前出售家里的全部家具。来了一对年轻情侣，对陈列在门口的大床和电视机很感兴趣。中年男人痛快地答应了他们的讨价还价，还给他们喝酒，用旧唱机放音乐给他们听。他还提议:“为什么你们不跳个舞呢?”

在这篇小说的结尾，叙事的焦点有些出乎意料地转移到那对情侣中的女孩身上:

> 几个星期后，她说:“那家伙是个中年人。他所有的东西都堆在家门口。不骗你。我们喝多了，还跳了舞，在他家门口的车道上。哦,老天。别笑。他给我们放那些唱片听。你看这个唱机，就是那个老家伙送给我们的，还有这些破唱片。你会对这些破玩意儿感兴趣吗?”
>
> 她不停地说。她把这件事告诉了每一个人。这里面还有更多的东西，她想试着把它们说出来。过了一段时间，她放弃了这种努力。

像这个女孩一样，卡佛小说中的很多人物感觉到了某件事后面“更多的东西”,但他们无法通过言语把这些东西表达出来。

而故事背后的作者拒绝提供任何解释。于是，读罢卡佛的一些小说，读者的感受可能会无异于故事中的人物：这篇小说确实让我感觉到了什么，可到底是什么呢？

另一篇小说《羽毛》写叙事者和他的妻子到另一对夫妇家里做客，他们在主人家中碰到一些奇怪甚至骇人的事情：这家人养了一只孔雀，身上有味道，不时发出怪叫，但主人竟然允许这只鸟走进房间里来散步；而他们刚刚出生的孩子长得奇丑无比，样子吓人，对此他的父母仿佛视若无睹。在小说最后，叙事者看着客厅里那只怪鸟和主人的丑宝宝嬉戏玩耍，他忽然感觉这个夜晚“很不一般”，他甚至默默许了一个愿，希望“永远不会忘记这个夜晚”。的确，事后叙事者的生活因为这次经历发生了改变。但为什么一只怪鸟和一个丑婴儿会让人产生这样的触动呢？这个问题叙事者似乎无力回答，作者似乎希望读者自己去找出答案。

小说《肥》的叙事者是一家餐厅的女服务员，某晚她接待了一个异常肥胖但特别客气的顾客。这个胖子食量惊人，更奇怪的是他讲话时用“我们”而不是“我”来指代自己。整篇小说写的就是叙事者向她的女友丽塔讲述这件事本身以及当晚下班后她与男友在家中谈论这个胖子的经过。《肥》是这样结尾的：

> 这个故事挺有意思，丽塔说。但我可以看出她对这件事不知道该怎么解释。
>
> 我感到情绪低落。但我不想对她说。我已经对她说得

太多。

她坐在那儿等着，她用纤细的手指抚弄自己的头发。

她在等什么呢？我很想知道。

这时是八月。

我的生活即将改变。我能感觉到。

很多读者也许会和小说里的人物一样不知道该如何解释这篇小说。这个故事到底讲的是什么？叙事者为什么会感到情绪低落？为什么遇到一个奇怪的胖子能改变一个人的生活？卡佛不会回答这些问题。而故事的主人公，她自己可能更说不清楚。

蓝领悲剧

采访者：为什么您选择写短篇，而不是长篇小说？

卡佛：是因为生活所迫。当时我很年轻。我十八岁就结了婚，那时我妻子十七岁。[①]她怀孕了，我身无分文，我得整天工作，养活两个孩子。我还需要到大学里学习写作。所以我根本不可能写那种要花两三年才能完成的东西。所以我就决定写诗和短篇小说。这些东西可以一口气完成。

---

①此处可能是卡佛的记忆有误。卡佛结婚时十九岁，当时妻子十六岁。——作者注

卡佛常说他有“两次生命”,分界点是一九七七年六月二日。

卡佛一九三八年出生于美国俄勒冈州一个锯木工人家庭，高中毕业后就开始打工。他十九岁结婚，已经怀孕的妻子玛丽安·伯克·卡佛当时只有十六岁。这对年轻夫妇在不到二十岁的时候就已经有了两个孩子。他们因生活所迫不断搬家，居无定所。养家糊口的压力很大，卡佛和妻子靠一些零七八碎的工作挣钱。卡佛曾替药房送货、在加油站给人加油、在医院里打扫卫生、在公寓小区打杂、甚至替人摘过花。妻子玛丽安做过图书推销员、电话公司职员和餐馆侍者。卡佛喜爱文学，打工之余在大学里选修了一些写作课程，在这期间遇到了对他写作生涯有影响力的老师——作家约翰·加德纳。卡佛在繁重的生活压力下尝试写作，终于发表了几篇短篇小说，找到了一些在学校里教写作课的工作，并于一九七六年出版了第一本有影响力的小说集《请你安静些，好吗？》。

然而不幸的是，卡佛于六十年代末染上了酗酒的恶习。随着他在写作方面向成功迈进，他的酗酒问题却越来越严重，以至于最后整日与酒杯为伴，无法写作。家庭经济同时出现问题，卡佛本人的健康也受到威胁，曾因酒精中毒多次住院。卡佛和妻子玛丽安之间的感情日趋破裂，二人数次分居。卡佛的人生轨迹走到了最低点。

一九七七年六月二日，卡佛终于停止了酗酒，开始了被他称作“第二次生命”的生活。他获得了更多的经济资助，找到了更稳定的工作，他与玛丽安正式分手，开始了和女诗人苔丝·

加拉格尔的共同生活。直到卡佛于一九八八年早逝，他的“第二次生命”应该说是安定而幸福的。

如果说卡佛的很多小说取材于自己的亲身经历，那么我们看到更多是卡佛对他的“第一次生命”的描绘。卡佛笔下的人物大部分是那些蓝领阶层的“穷白人”——推销员、侍者、理发师、清洁工等等。对于这些人物，卡佛用现实主义的笔法，描绘了他们的烦恼、痛苦和不幸。

小说《维他命》写了一对夫妇，丈夫在医院里做夜间的杂工，妻子靠上门推销维他命挣钱。维他命的生意越来越难做，夫妇两人的感情也出现危机。丈夫背着妻子与妻子的女同事约会，结果在一家酒吧里被一位黑人搞砸了气氛。和他约会的女孩决定到外地去找工作。丈夫一个人回到家，感觉生活越来越失去平衡。从这篇小说中读者可以读出蓝领阶层的绝望和空虚，这种感受和美国文学中经常表现的“美国梦”精神完全不同，它告诉我们：美丽的“美国梦”并不属于所有美国人。

小说《真跑了这么多英里吗？》写一对夫妇面临破产，律师建议他们立刻卖掉汽车，不然就会被判归债主，而这件事必须在当天完成，否则就来不及了。妻子以前做过推销员，于是丈夫让妻子出门去卖车，自己在家一边独饮一边等待。他从下午一直等到晚上，开始有些着急。妻子终于打来电话，说在和一个车商吃饭，不便细聊，随即撂了电话。妻子一夜未归，丈夫更加着急。天亮时妻子带着卖车拿到的支票回了家。不久，一个车商来到家门口，归还了他妻子落下的一个化妆盒。

这篇小说用了大部分篇幅写丈夫在家里等待妻子的情形，卡佛使用精简的文字，通过白描式的语言及动作描写非常细腻地刻画了主人公当时那种焦虑、猜忌最后转化为愤怒的心情。

卡佛的小说中有一部分是描写家庭破裂的。《还有一件事》和《严肃的谈话》都属于这一类。这两篇小说里的男主人公几乎是同一个人：酗酒、粗暴、举止有些疯狂。经过一场争吵甚至打闹，他们被愤怒的妻子赶出家门。但他们似乎无法搞清问题的根源和自己的处境。《严肃的谈话》中的男人只是预感到他和妻子“该严肃地谈一次话了”，《还有一件事》中的男人收拾好行李，准备离开家，他对等着他走出门去的妻子和女儿说“还有一件事要说”，但无论如何想不起来自己到底想说什么。这两篇小说都非常短小，但场面和对话描写非常精彩，卡佛把一个可能很复杂的家庭悲剧浓缩到几页纸的长度，这让人不能不佩服作者的功力。

也许和作者本身的酗酒经历有关，卡佛的小说中经常出现酗酒的场面和酒鬼的形象。上文提到的四篇小说中都有对饮酒的描写。《当我们谈论爱情时我们在谈论什么》写两对夫妇在其中一家的厨房里谈论各自的感情经历，在整个聊天的过程中每个人都杯不离手，谈话进行到最后，在场的所有人都喝醉了；小说《我打电话的地方》直接写到了戒酒中心，故事里出现的大部分人物都是在接受戒酒治疗的酒鬼。幸好卡佛本人也最终接受了戒酒治疗，并依靠坚强的意志力摆脱了酒精的阴影，否则我们今天可能无缘读到这么多精彩的短篇小说。

盘子[①]

显然，我酗酒的经历对于我写那些关于酗酒的小说起到了帮助。可是，我经历了那段日子，然后写出了那些小说，这不能不说是一个奇迹。不，我不觉得酗酒这段经历有什么意义，它只造成了浪费，带来了痛苦。

——雷蒙德·卡佛

玛丽安在离家不远的一个餐馆里找了份侍者的工作。那天晚上下班回家，她看见丈夫雷一个人瘫坐在沙发里，手里攥着一只伏特加酒的瓶子，显然又喝醉了。

玛丽安对雷说她受够了。她让他滚出去。

雷说："你今天真漂亮，宝贝儿。离孩子们回家还早，来，我们……"

玛丽安脱掉外套，说："闭嘴，你这个酒鬼。"

"我可是个作家。"雷说。

"老天，"玛丽安尖笑了一声，"请问你上一次坐下来写小说是多少年前的事情？你现在是个职业酒鬼。"

"你不懂的事儿就不要多管。"雷嘟囔了一句，然后举起酒瓶又喝了一口，像是在痛饮一瓶可口可乐。

玛丽安走进厨房。她看见灶台上扔着一包烟，台子边缘有

①这段文字和后文中的"玻璃天空"均为笔者虚构。——作者注

一只白色的瓷盘子，里面堆了很多烟蒂。玛丽安从烟盒里抽出一支，然后伸手去拿盘子旁边的火柴，她的手碰到盘子边缘，那只白色瓷盘滑落到地上，摔成很多碎片，四周撒满烟灰和烟蒂。

玛丽安站在厨房中央，一只手夹着那支没有点燃的烟。过了一会儿她开始呜咽。

“出什么事了？”雷在客厅里问。玛丽安没有回答。

“到底他妈的出了什么事？”雷开始吼叫。

玛丽安停止了哭泣。她扔掉手里的烟，踩着地上的碎屑，走到灶台边，从架子上抽出一把切菜用的刀。她手里举着那把刀踩过地上的瓷片和烟蒂，走到厨房门口，对着雷喊道：“我受够了。你给我滚出去！”

雷在沙发上直起身体，然后放下酒瓶，站了起来。他对玛丽安说：“把它放下。”

玛丽安看见雷朝这边走了过来。在他离自己还有几步远的时候，她扔掉了手里的刀。

雷用手抓住玛丽安的两肩，把她推到墙角。玛丽安闭着眼睛，感觉自己的头一次又一次地撞在墙上。

第二天，雷向玛丽安道歉，说他爱她，离不开她。

玛丽安说：“雷，我也爱你。”①

---

①这段虚构的故事取材于卡佛第一任妻子玛丽安·伯克·卡佛所著回忆录《往昔追怀：我与雷蒙德·卡佛的婚姻即景》（*What It Used to Be Like: A Portrait of My Marriage to Raymond Carver*）中的部分章节。——作者注

极简主义

评论家讨论我作品的时候经常使用“极简主义”这个词。但这个标签让我感觉很不舒服。

——雷蒙德·卡佛

“极简主义”——这个卡佛本人并不喜欢的词——如果拿来形容卡佛的一些小说，尤其是那些早期的、收集在《请你安静些，好吗？》和《当我们谈论爱情时我们在谈论什么》这两本集子里的小说，倒也不能说完全不恰当。对于这些小说，人们喜欢把它们和海明威的短篇小说相比：都是惜字如金，省略了很多东西。

卡佛的读者从头到尾都不知道《你们为什么不跳个舞》里面的那个中年男人的婚姻背景和感情经历，也搞不清这个人把家当卖了以后要到哪里去。但是有一定生活经验的读者可以猜出：这是一个婚姻失败的人，他遭受了感情上的打击，他比较悲观，同时还残留着一点点浪漫的情绪。就像读海明威的短篇小说一样，这种需要读者自己去填补空白的阅读经验具有一种特殊的魅力。

如果拿海明威和卡佛来比较，海明威的短篇好像写得更为“浪漫”，他对笔下的人物似乎更加“仁慈”：即使写一个对生活绝望、身陷孤独的老人，他也会给他安排一个“干净明亮的地方”，让他喝上几杯；即使写一个即将被迫堕胎、充满失落感的年轻女子，他也会给她安排一个车站旁的小酒馆，让她可以坐在那里欣赏到远处“白象似的群山”。而卡佛对笔下的人物就显得“残酷”得多。卡佛小说中的人物大部分不敏感甚至感情迟钝，我们很少看到他们沉浸在带有任何“诗意”的气氛中。他们总是被各种困境、打击所包围，困惑、颓唐、不知所措甚至彻底消沉。浪漫情绪不属于这些人。

一九八三年，卡佛出版了小说集《大教堂》。评论家和读者发现，“极简”不再是这些小说的风格。这些小说里出现了更多的人物背景交代，更细腻的描写，篇幅也更长了。更有意思的是，在上一本小说集《当我们谈论爱情时我们在谈论什么》中收录过的小说《洗澡》在这本书中被再次收录，但出现的却是另外一个版本，篇幅加长了几乎两倍，题目也被改为《好事一小件》。

《大教堂》获得了更大的成功。读者和评论家似乎都没有因为卡佛放弃他“固有”的风格而感到失望，相反，他们投来赞许，报以掌声。

《大教堂》显示的变化不仅仅停留在文字风格上。比起以前的小说，这些新作中减少了“冷酷”，增加了“温情”，读起来更加“光明”了。

标题小说《大教堂》被普遍认为是卡佛的代表作之一。这篇小说的叙事者是一个给人感觉内心空虚、生活颓唐的男子。一天，家里来了一位客人，是他老婆以前的朋友，一位

RAYMOND CARVER
CATHEDRAL

盲人。这个住在外地、刚刚丧偶的盲人一直和叙事者的老婆保持通信，谈论各自的生活。对于盲人的探访叙事者比较抵触，还夹杂着一些妒忌。小说通过这个男子的视角，很细致地描写了盲人的到来、聊天、吃饭等细节，读者可以感觉到他那种冷淡的态度和不情愿的情绪，场面一度有些尴尬。随着故事的推进，我们看到叙事者的老婆先睡了，留下他和这位盲人坐在沙发上。叙事者依然很冷淡，自顾自地看着电视里的无聊节目，一边和盲人聊着一些不疼不痒的话，还怂恿客人抽了一支大麻。在接近小说结尾的时候，电视里开始播放一部关于建造大教堂的纪录片。盲人想知道大教堂到底是什么样子，于是叙事者开始用笨拙的语言向他描述。这种尝试失败以后，盲人建议叙事者采取另外一种方式，他建议叙事者在一张纸上用笔画下大教堂的样子，而他则把自己的手扣在叙事者的手上，跟随前者的动作感觉大教堂的样子，盲人还建议叙事者闭上眼睛，他照办了。结果，在这个描绘大教堂的过程中叙事者进入了一种近乎“忘我”的状态。在小说结尾处，盲人让他睁开眼睛看一看——

> 但我仍然闭着眼睛。我想就这样再待一会儿。我觉得我应该这样。
>
> “怎么样？”他说，“你在看吗？”
>
> 我的眼睛仍然闭着。我在自己家里，这我知道。可我感觉我不在任何地方。

“真是了不起。”我说。

《好事一小件》是另一篇人们喜欢谈论的小说。评论家尤其喜欢分析这篇小说，因为他是卡佛前期出版过的小说《洗澡》的“加长版”，把这两个版本放在一起对比，这难道不是研究卡佛从“极简主义”返璞归真的最好方法吗？

《好事一小件》和《洗澡》的故事基本相同：一个母亲去面包房为即将过生日的儿子订了一个蛋糕。儿子在生日那天不幸遇上车祸，昏迷不醒，被送入医院。夫妇二人守在病床前，痛苦而且焦急。丈夫抽空回家去洗澡，碰巧有人打来电话，提醒他蛋糕还没有拿。丈夫不知道妻子订生日蛋糕的事，把对方的来电当成了骚扰电话。夫妇两人在医院又守护了几天，儿子依然昏迷不醒，妻子回家洗澡、喂狗，这时电话铃又响了，对方说是关于他儿子的事。

小说《洗澡》在此处戛然而止。我们不知道医院里的儿子最后是否得救，甚至不知道结尾处的那个电话是谁打来的——虽然很有可能是面包师再次打来的，但也很可能是医院打来电话通知紧急情况。和其他卡佛的“极简”小说一样，《洗澡》没有交代人物背景，语言简洁，叙事不带感情色彩，这使得这篇关于生死和家庭不幸的小说读后给人一种近乎冷酷的感觉。

而《好事一小件》则给人一种完全不同的阅读感受。这篇小说里增加了人物背景交代和更多的心理描写，故事也没有停留在《洗澡》结尾的地方。读者可以肯定，妻子收到的电话是面包师打来的，但妻子也忘了订蛋糕的事，同样把来电当成了骚扰电话。妻子回到医院，儿子最终医治无效，死去了。悲痛的夫妇回到家里，同样的电话却再次打来，夫妇二人最终搞清电话来自面包房，一直被压抑的悲痛此刻转化成对面包师的愤怒。二人在午夜开车去找来电者算账。在面包房里，他们遇到了那个孤独的老面包师。知情后的面包师对夫妇二人诚恳地道歉，让他们落座，还拿出刚烤好的热面包给他们吃。他说，你们得吃点儿东西才能挺住。在这种情况下，吃，是一件微不足道但会很有帮助的事情。于是夫妇二人吃了很多面包，还听面包师讲了自己的经历。他们聊了一个晚上，天亮了，他们还没打算离去。

不难看出，《好事一小件》从家庭悲剧开始，以陌生人之间的相互温暖告终，和《洗澡》所传达的感受完全不同。

文学编辑

> 约翰·加德纳说，如果你能用十五个字写出来，就不要用二十五个字。戈登·利什则相信，如果五个字够用，那就别用十五个字。
>
> ——雷蒙德·卡佛

雷蒙德·卡佛于一九八八年去世，但在他死后的二十年中人们不时能听到关于这位作家的猜测和传闻，有人甚至怀疑卡佛的很多小说是由别人代写的。如今这里面的来龙去脉已经被基本搞清。要谈这件事，就不能不提到一位名叫戈登·利什的文学编辑。

一九六七年，卡佛在加州做课本编辑时结识了与办公室仅隔一条马路的另一位编辑戈登·利什，二人常在一起喝酒、聊文学，不久成为好友。几年后利什去纽约做了《绅士》杂志的小说编辑，负责寻找文学新人。此时卡佛仍然名不见经传，发表过的小说局限于一些发行量很小的文学刊物。利什劝卡佛给《绅士》投稿，于是卡佛交给利什几个自己的短篇，均在七十年代初得以发表。

卡佛发现利什对自己的小说干了两件事：一，让它们有了更广泛的读者，得到了评论界的重视；二，对它们进行了大刀阔斧的文字删改。

利什本人也写小说、喜爱文学，面对卡佛的小说，他似乎难以克制自己的创作欲望。卡佛的第一任妻子在回忆录中写道："戈登改动了雷的一些小说，很多改动我都不同意。但我意识到他是如此喜爱雷的作品——他希望那些小说是他自己写的。……总的来说，雷非常感激戈登作为编辑的出色工作，他经常认同戈登的编辑，他不喜欢的改动将来可以再改回来，当时最重要的事情是让他的作品发表。"

利什帮助卡佛出版了小说集《请你安静些，好吗？》，并得到好评，于是二人开始准备下一本小说集。这一次，利什对卡佛手稿的改动就更加大胆了。利什着迷于极端简练的文字风格，他不喜欢卡佛小说中过多的感情流露和过于繁琐的描写，于是他删除了卡佛原稿中的很多段落，还对部分文字做了改动。书稿中的《咖啡先生和修理先生》被砍掉百分之七十，《好事一小件》被删掉三分之二，更名为《洗澡》，小说《新手》经修改后被改名为《当我们谈论爱情时我们在谈论什么》。卡佛对利什变本加厉的删改感到不安甚至愤怒。他写信恳求利什不要出版这些经过改动的文稿，但利什还是按原计划出版了经他修改后的版本。这本小说集定名为《当我们谈论爱情时我们在谈论什么》，出版后受到了评论界的广泛好评。此后，当评论家谈论雷蒙德·卡佛的时候，他们开始谈论“极简主义”这个词。

一九八二年，卡佛和利什开始筹划下一本小说集《大教堂》。卡佛再次写信给利什，希望他不要再越俎代庖，信中说：“我再也无法忍受截肢和移植手术了。”这封信奏效了。这次利什对卡佛的手稿几乎没做什么大的改动。于是，读者看到了一本卡佛“转型”后的小说集。这些事实上更加“原汁原味”的作品受到的好评超过了前两本经利什大规模删改过的小说集。小说《好事一小件》也收集在这本集子当中。当评论家们饶有兴趣地研究卡佛是如何把“极简”版的《洗澡》“扩写”成更加丰满的《好事一小件》的时候，他们也许不曾想到，《好事一小件》才是卡佛最初的版本。

此后卡佛终于停止了与利什的合作。临终前卡佛出版了自选集《我打电话的地方》，其中包括七篇新作和三十篇以前发表过的小说。此书收录的作品被认为是卡佛自己最满意的小说的最满意的版本。该书收录了《好事一小件》，而不是《洗澡》。然而，书中有一些小说，比如《当我们谈论爱情时我们在谈论什么》，还是保留了读者已经非常熟悉的“利什版”。

据说卡佛的遗孀正在试图出版更多卡佛作品的“未经删改版”，对此有人支持，也有人反对。我想还有更多的人，他们并不关心作家背后的纷纷扰扰，他们只关心小说，关心那些真正好看的小说。

玻璃天空

> 我对写短篇小说没有任何自己的理论。我只知道自己喜欢什么和不喜欢什么。我不喜欢写作中的不诚实，我不喜欢玩花招儿。我喜欢那些讲得很好、很诚实的故事。
>
> ——雷蒙德·卡佛

一九八五年夏天的一个中午，日本作家村上春树和他的妻子去拜访美国作家雷蒙德·卡佛。卡佛的别墅位于华盛顿州和加拿大交界处的胡安·德·富卡海峡。下车后，村上听到一阵阵海浪拍打礁石的声音，他不自觉地深吸了一口气。

在客厅里，村上看见卡佛是一个身体魁梧的男人，他向村上微笑，但他不笑的时候总是习惯性地皱着眉头。村上感觉到，这个美国人和自己一样腼腆。

幸好有卡佛的女友苔丝在场。村上早就知道，苔丝是一位女诗人，是卡佛和前妻离婚后的生活伴侣。苔丝开朗、健谈，她带着两位日本客人参观别墅的各个房间。大块的阳光透过玻璃窗洒在地板上。

中午，他们围坐在靠近落地窗的餐桌旁进餐。主菜是熏三文鱼。卡佛说，这条鱼是他和苔丝一起在海边抓到的。

席间讲话最多的依然是苔丝，她故意放慢了语速，好让两位客人听懂她的每一句英语。卡佛仍然话不多。村上再次庆幸苔丝的在场。

村上是卡佛小说日文版的译者。他说卡佛的小说在日本很受欢迎,他本人也极其喜爱。卡佛微笑的时候眉头不再皱着。

下午，他们坐在客厅里喝茶。卡佛和村上都已经放松了很多。透过玻璃窗，村上看见海峡中大片的海水在阳光下闪烁。天空碧蓝，几乎没有云彩，两艘油轮缓缓地在海面上移动。潮水慢慢从远处涌来，拍打着房子脚下不远处的礁石，声音低沉而有节奏，其中夹杂着几声海鸥的鸣叫。

苔丝建议大家到房间外面的露台上坐坐。卡佛推开客厅和露台之间的玻璃门，一阵带着咸味儿的海风涌入屋中。

在露台上，卡佛和村上各自点燃了一支香烟。海风很强，但阳光非常暖和。村上的视线偶尔和卡佛相遇，卡佛对村上微笑，眼睛里反射出海水的光芒。

这时，村上看见露台一侧的木板地上躺着几只海鸟。他走过去，发现那是几只海鸟的尸体，它们翅膀上纤细的羽毛随着海风抖动，像斜插在地面上被人遗弃的旗帜。

卡佛发现客人在观察那几只海鸟。他说，经常有海鸟死在他家的露台上，这些可怜的鸟儿很不幸。

他说，这些海鸟，它们看见玻璃窗上反射出天空的影子，就以为那是真的蓝天，它们想往天上飞，结果就撞到玻璃上，被撞死了。

大家陷入片刻的沉默。

村上吸了一口烟，他回过头看了看那面巨大的落地玻璃窗，玻璃里反射出蓝天的影像。

虚假的天空，村上用带着日本口音的英语喃喃说道。

我憎恨虚假的天空，卡佛说。[1]

---

①这段笔者虚构的故事取材于卡佛第二任妻子苔丝·加拉格尔为卡佛诗集《群青》（*Ultramarine*）的日文版所写的序言，其中提到了村上春树夫妇拜访卡佛夫妇的经历，那次他们在卡佛家中确实见到了撞死在玻璃上的海鸟。——作者注

患者肖像

陀思妥耶夫斯基、伍尔夫、海明威和他们的精神疾病

陀思妥耶夫斯基

一

他最著名的肖像是那幅瓦西里·格里哥利耶维奇·别罗夫于一八七二年绘制的油画。在那张黑色背景的肖像画中，我们看到一个五十岁的俄国人，他的头发和胡须像荒草般稀疏，身上披着一件过于宽大、似乎多年不曾洗烫的皱皱巴巴的旧大衣，独自坐在那里出神。这是一位老农正坐在某个火车站的长椅上等候一列火车将他载往他乡去继续饱受磨难的生活？还是一个罪犯坐在一间阴暗的审讯室里等待接受对他所犯罪行的无情审判？抑或一个已经倾家荡产的赌徒正沉浸于绝望之后对那些疯狂瞬间的失神回忆之中？

Фёдор Михайлович Достоевский

“以往每次我经历这种神经紊乱时，都会把它用在写作上；在那种状态下我会比往常写得更多，也会写得更好。”

面对这幅油画你会最终将视线定格于画中人的眼睛。那双眼睛正在回避着你的视线，仿佛怕被你的注视烫伤；他在盯视着什么，但他的眼神是发散的。你似乎可以感觉到他的左眼皮正在紧张而神经质地颤抖。如果你长时间地注视那只左眼，也许你会感觉到画中人的整个半边脸都在颤抖，于是你的心也会随之紧张地颤抖起来。

二

一八六三年的一个夜晚，俄国文学评论家斯特拉霍夫的家中有客登门。来访者是他的好友、写过《白夜》(《Белые ночи》)、《被侮辱与被损害的》(《Униженные и оскорблённые》)等长篇小说、早在十八年前就被别林斯基称为“俄罗斯文学天才”的作家陀思妥耶夫斯基（Фёдор Михайлович Достоевский）。此时这位作家已从西伯利亚流放归来，正在彼得堡与哥哥合办《时报》杂志，他喜欢晚上散步时拐进常给杂志写稿的斯特拉霍夫家里坐上一会儿，随便聊聊。

那天晚上他们谈得很开心。话题可能是文学，也可能是政治或哲学。斯特拉霍夫坐在一张桌子旁边，陀思妥耶夫斯基则显得非常兴奋，他一边慷慨陈词一边迈着大步在屋子里走来走去。谈话当中斯特拉霍夫对陀思妥耶夫斯基的观点表达了赞许，这使得陀思妥耶夫斯基更加激动。他在屋子中央停步站定，脸上显露出一种极端亢奋的表情，情绪似乎抵达了高潮。斯特拉霍夫等待他的作家朋友说些什么，陀思妥耶夫斯基张开嘴巴，却欲言又止，似乎正在头脑中寻找恰当的词句。这种沉默持续了一会儿，忽然，从陀思妥耶夫斯基的喉咙里发出了一种十分怪异的、持续不断的、绝非人语的声音。然后，他晕倒在地，身体不停地抽搐，嘴角流淌出白沫。

三

在弗洛伊德看来，陀思妥耶夫斯基丰富的人格中有四个突出的方面："富有创造性的艺术家、神经症患者、道德家和罪人"。在毛姆眼中，陀思妥耶夫斯基"自负、多疑、急躁、自私、轻率、过分谦卑、不可信赖、心胸狭窄、爱吹牛又不宽宏大量"，但他同时又"具有勇气、大度和慈爱的品质"。在读者的心目中，陀思妥耶夫斯基是一位写出过《罪与罚》（《Преступление и наказание》）、《卡拉马佐夫兄弟》（《Братья Карамазовы》）等不朽名著的伟大作家。

当代医学家认为，陀思妥耶夫斯基是一位严重的癫痫病患者。

据说陀思妥耶夫斯基从童年时期就开始出现癫痫症状。从三十九岁开始，他把自己的每次发病都记录在一个笔记本上，直至这位作家于五十九岁去世为止，那个笔记本上一共记录了一百〇二次癫痫发作。

陀思妥耶夫斯基坎坷跌宕的经历和他复杂多面的人格吸引着人们去对他进行剖析和解读。一九二八年，弗洛伊德发表了一篇题为《陀思妥耶夫斯基与弑父者》的论文，评论了陀思妥耶夫斯基的长篇小说《卡拉马佐夫兄弟》，并运用精神分析学的方法对这位作家癫痫症的起因提出了假说。弗洛伊德认为，陀思妥耶夫斯基的癫痫症并非生理因素造成，而是源于他心中隐藏的对父亲之死的负罪感——也就是说，是心理原因造成的。弗洛伊德认为，在陀思妥耶夫斯基身上存在着恋母弑父的“俄狄浦斯情结”，在他十八岁时，父亲突然去世，于是内心深处短暂的狂喜和随之而来的强烈负罪感引发了他的第一次癫痫发作,而“弑父”和“罪恶感”正是贯穿于《卡拉马佐夫兄弟》的两个重要主题。

弗洛伊德的这种观点在最近几十年已经被基本否定。当今的学者和医学专家们普遍认为陀思妥耶夫斯基的癫痫病并非纯心理症状，而是由生理原因引起的——脑部受损或者家庭遗传。很长一段时间人们相信陀思妥耶夫斯基的父亲是被手下的农奴杀死的，但有证据显示他也有可能死于癫痫发作；陀思妥耶夫斯基的儿子不但同样患有癫痫症，而且死于癫痫发作。

假如你是一位脑科医学专家，当你浏览了一幅幅陀思妥耶夫斯基的肖像之后，可能有一件事逃不过你的眼睛：你会发现这位作家脸部明显呈不对称状。脸部不对称正是脑部畸形的一种生理表现。

四

陀思妥耶夫斯基的小说中不乏癫痫病患者。《白痴》

(《Идиот》) 里的梅什金和《卡拉马佐夫兄弟》中的斯麦尔佳科夫都患有癫痫病。《白痴》中有一个段落描写了主人公梅什金癫痫发作前短暂的狂喜状态：

> 他顺便想到，他在发癫痫病的时候，几乎就在发作之前，还有一个预备阶段（不过，倘若在他醒着的时候发作的话），就在他心中感到忧郁、沉闷、压抑的时候，他的脑子会霎时间豁然开朗，洞若观火，他的全部生命力会一下子调动起来，化成一股非凡的冲动。在闪电般连连闪烁的那些瞬间，他的生命感和自我意识感会增加几乎十倍，他的智慧和心灵会倏忽间被一种非凡的光照亮；一切激动、一切疑虑和一切不安，仿佛会霎时间归于太和，化成一种高度的宁静，充满明朗而又谐和的欢欣与希望，充满理性与太极之光。但是，这些瞬间，这些闪光，不过是对于那最后一秒钟（从来没有超过一秒钟）的预感，从这一秒钟起，这病就发作了。[1]

陀思妥耶夫斯基在给哥哥的信中写道："以往每次我经历这种神经紊乱时，都会把它用在写作上；在那种状态下我会比往常写得更多，也会写得更好。"

神经病学专家爱丽丝·弗莱厄蒂在《午夜的疾病：写作驱动力、作者心理阻滞及大脑的创造性》一书中提到一种叫做"多写症"（Hypergraphia）的心理问题，它是癫痫病的一种并发症

（也就是说患有癫痫病的人往往也会染上此症）。这种“病”的患者会感觉到一种持续而旺盛的、难以控制的书写冲动，他们总是写个不停，好像着了魔。

陀思妥耶夫斯基是一位高产作家，他一生写了十九部长篇和中篇小说，并留下了大量的笔记、日记和书信文字。他的笔记本中经常写得密密麻麻，夹杂着图画，让人感觉作者似乎想把纸上的每一处空白都全部填满——这正是“多写症”的特征之一。

五

陀思妥耶夫斯基并不是著名作家中唯一一位癫痫患者。

英国作家刘易斯·卡罗尔因写《爱丽丝梦游仙境》出名，他也是一位癫痫病人（同时有可能患有“多写症”）。《爱丽丝梦游仙境》中描绘了很多奇妙场面：爱丽丝坠入深深的兔子洞，她的身体可以忽然变小，也可以忽然变大。有一种说法：这些童话场面来源于卡罗尔癫痫病发作时的幻觉。这种说法虽然未被证实，但医学界确实曾把一种神经性疾病用这个童话来命名——这种病的患者在视觉、听觉和对自身的感觉方面出现偏差，眼中看到的物体往往比实际大得多或小得多，这种病有一个别名，叫做“爱丽丝梦游仙境综合征”。

法国作家福楼拜和莫泊桑也都患有癫痫。福楼拜在书信中描述过自己发病时的感觉：“开始时你的头脑中感觉到它的来临，于是你觉得自己将要发疯。接着你就疯了，对此你心知肚明。你感觉你的灵魂正离你而去，于是你竭尽全力地想要留住它。死亡一定就是这个样子，当它来临时我们十分清楚。”

伍尔夫

一

她流传最广的肖像大概是那张摄于一九〇二年的黑白照片，那张照片具有一种铅笔素描画的质感和古典韵味。我们看到的是一个年轻女人的侧面像，这个女人的目光微微下垂，神情略显忧郁，像在沉思冥想，又好像沉浸在一个白日梦之中。照片中她的脸部线条柔和、轮廓分明，最显眼的是那只高耸而笔直的鼻子，仿佛来自于一尊古罗马大理石雕像。很多年后，在好莱坞电影《时时刻刻》中，女演员妮可·基德曼为了饰演她特意装了一只假鼻子，并在化妆师的帮助下制造出一种永远显得迷离、忧郁和哀伤的眼神。可以猜想，造型师在设计人物形象时正是参照了这张照片。而这张照片中的她看起来的确很像一部电影的女主角或者一篇小说的女主人公，她的形象如此美丽，同时又如此脆弱而不堪一击，这部电影或小说显然应该是一出悲剧。

可是如果你看过她的另外一些照片，你会发现这个女人并不永远是这种神情。在一些照片中，她的目光几乎直视镜头，这时她的面部最突出的不再是高耸的鼻子，而是她的眼睛——她的眼神明亮、深邃，流露出自信、睿智、热忱，甚至一点点的顽皮。这时的她更像是一个能够制造出优美文字的小说作者、一位博览群书、才华横溢的文学评论家。

二

一九三四年，路易·埃弗雷特，一位淳朴的英国村妇，找到了一份做女佣的差事，那家的主人是一对作家夫妇——丈夫伦纳德·伍尔夫和妻子弗吉尼亚·伍尔夫，两人都已年过五十。上工的第一天，路易遇到了一件奇怪的事情。

当时她正在厨房里工作，房顶上面是浴室，因为楼板很薄，她可以听到头顶上方传来的声音。她听见伍尔夫夫人正在浴室里讲话，她在那里滔滔不绝地说个不停，还夹杂着很多自问自答，以至于路易开始怀疑浴室里不止一个人，而是正有好几个人在那里交谈。

随着时间的推移，路易开始对伍尔夫夫人的自言自语习以为常。她也开始熟悉这位女士的生活习惯和情绪变化。她发现，伍尔夫夫人在情绪低落时会显得有些怪异，她会走进厨房，坐下来，却记不起自己要说些什么；她会在花园里散步，脚步极其缓慢，仿佛陷入沉思而不能自拔，她如此沉浸其中以至于经常走着走着就撞到了树上。

一九四一年三月二十八日中午，路易看见伍尔夫夫人拿起

Virginia Woolf

“在疯癫的熔岩中，我仍能找到许多可供我写作的东西。那时所有一切都以它们的最终形式喷薄而出，不像神志正常时那样，只是滴滴细流。”

手杖出了门。到了吃午饭时仍不见她的身影。她的丈夫走进她的房间，发现那里有两封遗书。

几周后，这位女作家的尸体被河边玩耍的儿童发现，她的衣服口袋中塞着沉重的石块，可以推测，她是自己走入河水之中自杀身亡的。

三

在电影《时时刻刻》中，观众看到的是一位身陷抑郁的包围（而且行为有些怪异）的弗吉尼亚·伍尔夫，可以肯定，此人有严重的心理问题，甚至患有精神病。可是，一个整日抑郁、精神疲惫不堪的人如何能够写出像《达洛卫夫人》（*Mrs. Dalloway*）、《到灯塔去》（*To the Lighthouse*）、《海浪》（*The Waves*）这样的经典意识流小说，并留下大量的随笔、文学评论，以至于被公认为二十世纪现代派文学最重要的作家之一呢？

伍尔夫患有“躁狂抑郁症”。抑郁只是多种症状之一。

躁狂抑郁症又被称为躁郁症、双极症，是一种躁狂状态和抑郁状态交替循环出现的精神病。也就是说，患者的症状不仅仅是抑郁，还有躁狂。病人在躁狂阶段会表现得亢奋、自信、欣快，而在抑郁阶段则会消沉、绝望，甚至产生自杀的念头。

伦纳德·伍尔夫在自传中回忆了妻子发病时的情形：“在躁狂阶段她会极其兴奋；她思如泉涌，口若悬河，在最严重时会语无伦次，她会幻视幻听，比如，她曾经告诉我在她第二次发病时听到过窗外花园里的小鸟用希腊语唱歌，在躁狂阶段她也会粗暴地对待护士。……在抑郁阶段，她的想法和情绪则与躁狂阶段完全相反。她深陷在忧郁和绝望之中，她少言寡语、拒绝进食、拒绝相信她自己有病，坚持认为她当前的状态完全是咎由自取，最严重时，她会试图自杀。”

弗吉尼亚·伍尔夫在一生中经历了四次精神崩溃：一八九五年，伍尔夫十三岁的那年，母亲的病故引发了她的第一次疾病发作，那一次她花了六个月时间才最终恢复。一九〇四那年，父亲去世了，整个夏天伍尔夫都处于疯狂状态，有一天她从窗口跳了下去，摔成重伤。在一九一三年的那次发作中她又试图自杀，那一次她一口气吞掉了一百粒巴比妥。而一九四一年的最后一次精神崩溃夺走了这位女作家的生命。

四

假如有机会的话，弗洛伊德可能会非常乐于为弗吉尼亚·伍尔夫提供精神分析。这位女作家在童年时期的丧母和丧父经历、小时候受到的来自于同母异父的哥哥的性骚扰，成年后流露出的同性恋倾向——这些显然都值得进行深度分析。

事实上，弗洛伊德和伍尔夫甚至有过一面之缘。最早将弗洛伊德的著作译介给英文读者的正是伍尔夫夫妇当年合办的出版社。虽然如此，弗吉尼亚·伍尔夫却对弗洛伊德的观点一直持排斥态度，直至去世前才有所改变。一九三九年，伍尔夫夫妇在弗洛伊德位于伦敦的寓所与这位因逃避纳粹迫害而客居英国的精神分析学家见了面。在弗吉尼亚·伍尔夫事后的回忆中，弗洛伊德是一个“干瘪的糟老头儿，有一双像猴子一样发亮的眼睛，走路颤颤巍巍，说话口齿不清，但人很机敏”。那次会面中他们的话题主要是战争，弗洛伊德献给了伍尔夫一支水仙花——此举不知是否暗藏深意，因为水仙花（narcissus）正是自恋（narcissism）的象征。

弗洛伊德早于伍尔夫两年去世，他并没有来得及为这位女作家做精神分析。当代医学专家更倾向于认为伍尔夫的躁郁症是由家庭遗传引起。纵观伍尔夫的家族史，她的祖父、母亲、姐姐、哥哥和外甥女都是复发性抑郁症的患者，他的父亲和弟弟均患有循环性精神病，而她的堂弟则死于急性躁狂症。

五

伍尔夫在一封写给友人的书信中曾经描述过她对疯癫的感受：“……接着我的脑子里烟花绽放。我可以肯定地告诉你，疯癫是一种了不起的经历，不应对它嗤之以鼻；在疯癫的熔岩中，我仍能找到许多可供我写作的东西。那时所有一切都以它们的最终形式喷薄而出，不像神志正常时那样，只是滴滴细流。”

《达洛卫夫人》是伍尔夫最著名的小说之一。这部小说的男主角赛普蒂默斯是一个患有疯癫的退伍军人。小说中有大量关于这个人物的心理描写，文字诡异绚丽，不曾有过亲身体验的人大概难以写出这样的句子：

> 他期待着。他倾听着。一只雀儿栖息在他对面的栏杆上，叫着赛普蒂默斯，赛普蒂默斯，连续叫了四五遍，尔后又拉长音符，用希腊语尖声高唱：没有什么罪行。过了一会，又有一只雀子跟它一起，拖长嗓子，用希腊语尖声唱起：没有什么死亡。两只鸟就在河对岸生命之乐园里，在树上啁鸣，那里死者在徘徊呢。
>
> ……看吧，一个声音对他说，却杳无人影。他，赛普蒂默斯，乃是人类最伟大的一员，刚经历了由生到死的考验，他是降临人间重建社会的上帝。他躺着，活像一床铺着的床单、白雪堆成的毯子，永远不会损坏，惟有太阳才能毁掉它。他永远受苦受难，他是替罪羊，永恒的受难者，但是他不要扮演这角色；他呻吟着，挥手把那永久的受难、永久的孤独推开了。[2]

然而躁狂症带给伍尔夫的不总是五彩的焰火，它还不断地把她带入了情绪的低谷。在最终步入河水、结束生命之前，她给丈夫留下了这样一封遗书：

> 我肯定自己又要发疯了。我觉得我们无法再一次经历那种可怕的时刻，这次我也不会康复。我开始出现幻听，

心神不能集中。所以我要做看来最合适不过的事了。你给了我最大限度的幸福，任何人在每一方面所能做到的你都做到了。在这可怕的疾病来临之前，没有哪两个人比我们更幸福。我再也无力和它战斗了……

海明威

一

有一张他幼年时的照片可能很少有人见过。初次看到那张照片的人大概不会相信照片上的那个孩子是他——一位在小说里塑造过无数硬汉形象、本人经历过战争、迷恋打猎和斗牛、喜欢以一副铁汉形象示人的充满阳刚之气的作家。在那张照片中我们看到的是一个一两岁的小女孩，她长相可爱，留着长头发，穿着小裙子，面对镜头，天真地笑着。但是不容否认，照片里的那个孩子正是他本人。她的母亲喜欢女孩，他出生以后母亲一直把他打扮成女孩的模样，直到三岁为止。在那段时间，每当他和姐姐走在一起，人们总会误以为这是一对双胞胎小姐妹。

你可能见过一幅他十八岁时的军装照。那张照片摄于一九一八年的米兰，当时他作为一名志愿者赴欧洲参加了第一次世界大战，为红十字会驾驶救护车。在那张照片中他是

Ernest Hemingway

“你越写，越懂得写作。这是学写作的唯一方法。”

一个十足的英俊小生。他负了伤，在米兰的医院里住了六个月，其间和一位护士坠入爱河。那段恋情虽然最终以悲剧告终，但十年后他把这段经历写进了一部名叫《永别了，武器》（*A Farewell to Arms*）的小说。

翻开他的回忆录《流动的盛宴》（*A Moveable Feast*），你会看到他在巴黎时的一些照片。那是在二十年代，他已和第一任妻子结婚，两个人一起住在巴黎。他写作、结交文化名流，生活清贫却十分充实。这时的他已经稍微有些发胖，唇上蓄起了胡子，人显得稳重、成熟、斯文、风度优雅。在照片中他的眼睛经常眯起来，仿佛巴黎街头的阳光过于强烈。

人们最熟悉的大概是他中年以后的形象。这时的他已是一位声名远扬的明星作家。在照片中他是一位身材粗壮结实的老者，脸上布满线条分明的皱纹和花白的络腮胡子，他不再西装革履，而是喜欢休闲打扮，在一些照片中他甚至赤裸着上身，显露出被阳光晒得通红的臂膀和浓密的胸毛。知识分子气质似乎已经从他身上消失，此时的他看上去更像一个上了年纪的猎手、一位傲视天下的智者、一个个人魅力十足的政治领袖。

二

《流动的盛宴》是一本海明威生前并没有写完的书。他从一九五七年开始断断续续地写这部回忆录，一直写到他于一九六一年离开人世。这段时间可能是这位作家一生中最痛苦的日子。

一九五三年海明威经历了两次飞机失事，其中第二次最为严重，造成他浑身上下多处严重受伤。此后他的身体状况越来越糟，血压经常升到很危险的高度，精神状态也逐渐恶化。这位已经声名显赫的作家如今经常表现得自负、好斗、行为乖张。他经常粗暴地对待妻子，时常出口不逊。此外，毫无节制的饮酒又引发了更多的疾病。

一九六〇年的秋天，海明威的精神状况更加恶化。他不断受到噩梦和失眠的折磨，他曾不止一次地当众摆弄步枪，半开玩笑似的表演自杀的场面。而这位以塑造硬汉著称的作家此时越来越明显地表现出妄想症的症状：他不停地担心美国联邦调查局要捉拿他，他相信自己家里的电话已经被监听，信件被人拆看过，周围随时都有特工监视他的行动；他担心国税局也正在对他进行调查，逼迫他缴纳无力偿还的巨额收入税；他还担心卡斯特罗政府会没收他在古巴的财产；有一次他在停车场不小心刮蹭了另外一辆汽车，尽管车主已表示无关紧要，他却一直担心当地警察会将他逮捕入狱；他甚至臆想他的朋友比尔·戴维斯试图制造车祸谋杀他。

面对这种情况，海明威的妻子和医生不得不把他送往明尼苏达州的一座著名的精神病诊所秘密地接受心理治疗。医生认为，海明威患有与伍尔夫同样的精神疾病——躁狂抑郁症。

海明威在这家诊所静养了将近八周，在此期间他接受了专门用于精神病患者的电击疗法。

电击疗法的副作用之一就是部分患者会丧失一部分记忆。当海明威出院以后试图继续撰写那本关于巴黎生活的回忆录时，他发现自己已无法回忆起一些记忆中原有的往事。对于一位作家来说，这无疑是一个致命的打击。在给友人的一封信中海明威写道："这些做电疗的医师不了解作家……他们毁了我的脑子，抹去了我作为一生资产的记忆，因此毁了我的事业，这样做到底意义何在？"

海明威再次表现出自杀的企图。一九六一年四月，他第二次被送入精神病诊所，接受了更多的电击治疗。根据当时曾去探望他的友人的回忆，海明威被安置在一间房门上锁、窗户上钉着铁栅栏、专门为有自杀倾向的精神病患者准备的病房里，虽然刚过六十岁，但那时的海明威看上去却像一位八十多岁的老人。

三

躁狂抑郁症似乎并没有给海明威的写作和生活带来任何益处，它只是让这位作家逐渐丧失了写作能力，并把他带入痛苦的深渊。

躁郁症已被证明是一种遗传疾病。这一事实在海明威的家族史中也非常明显。不但海明威的父辈和后代中多躁郁症患者，而且这个家族中自杀的人数也高得惊人：他的父亲在海明威二十八岁时自杀身亡；在海明威这一代，他的弟弟莱斯特和妹妹厄休拉也相继自杀；在他的后代当中，海明威的一个孙女也选择了自杀。海明威的两个儿子格雷戈里和帕特里克、以及格雷戈里的女儿也都因精神崩溃接受过电击治疗。

四

统计显示：作家患躁郁症的概率比普通人高出十至二十倍，患抑郁症的概率比普通人高出八至十倍，而自杀的概率更比普通人高出十八倍。

美国精神病学专家凯·雷德菲尔德·杰米森在《天才向左，疯子向右：躁郁症与伟大的艺术巨匠》一书中开列了一个长长的名单，题为“可能患有循环性精神病、重度抑郁或躁狂抑郁症的作家、艺术家和作曲家”。这个名单中人数最多的是诗人(这一点丝毫不让人感觉奇怪)，共八十三位。在作家（四十一位）当中，除了伍尔夫和海明威，这个名单上还有：

巴尔扎克、查尔斯·狄更斯、威廉·福克纳、果戈理、高尔基、菲茨杰拉德、格雷厄姆·格林、赫尔曼·黑塞、亨利·詹姆斯、赫尔曼·麦尔维尔、罗伯特·路易斯·斯蒂文森、托尔斯泰、屠格涅夫、左拉，等等。

很久以来就有“天才都是疯子”的说法。拜伦说：“我们艺术家全都疯癫，有些人迷醉于狂欢，有些人则受制于忧怨，但都有点精神错乱。”至今为止医学研究并没有完全证实精神疾病和创造力之间存在着直接的联系。可以想象，敏感、脆弱、异样、病态的神经也许让这些作家们体验了常人不曾体会的感受，甚至进入了常人无法想象的奇幻的精神世界，这些经验可能激发了他们的写作灵感。可是，疾病带来的总归是更多的痛苦，当一个人身心俱疲、甚至身陷病榻时，他是很难写出好的作品来的，而当疾病夺走了一个作家的生命，他的创作生涯也就从此终结。

五

一九六〇年九月五日的《生活》杂志刊出了海明威写的一篇名叫《危险的夏天》的长文，并把他的头像放在了封面上。在那张照片中他是一个气色非常好、笑得很开心的老人。时隔不到一年，一九六一年七月十四日的《生活》杂志又以海明威的肖像作为封面。翻开这期杂志，读者看到的已经是追忆这位作家生平的文章以及在他的葬礼上拍摄的照片。在那张封面照中，海明威的脸上不再有人们所熟悉的微笑，他的眉头微蹙，嘴角倾斜，皮肤像经过多年阳光暴晒和雨水冲刷的遍布裂缝的岩石，他的头向斜上方微倾，眼神中流露出一种十分罕见的哀伤。

也许这张照片更好地捕捉了海明威临终前的心态。这位身心饱受折磨、创造力逐渐枯竭、但仍然不肯服输的作家，他的哀伤也许更多来自于对往昔的回忆。在生命的最后几年，断断续续地书写《流动的盛宴》给海明威带来了一些安慰，他一定希望重返书中描绘的那些美好的写作时光：

这是家令人惬意的咖啡馆，温暖、洁净而且友好……侍者端来了咖啡，我从上衣口袋里取出一本笔记簿和一支铅笔，便开始写作。……一个姑娘走进咖啡馆，独自在一张靠窗的桌子边坐下。她非常俊俏……我但愿能把她写进那个短篇里去，或者别的什么作品中……我继续写作。这短篇在自动发展，要赶上它的步伐，有一段时间我写得很艰苦。……每当我抬头观看，或者用卷笔刀削铅笔……我总要注意看那位姑娘。……我见到了你，美人儿……你是属于我的，整个巴黎也是属于我的，而我属于这本笔记簿和这支铅笔。……接着我又写起来，我深深地进入了这个短篇，迷失在其中了。现在是我在写而不是它在自动发展了……这短篇完成了……抬起头来看那姑娘，可她已经走了。我希望她是跟一个好男人一起走的，我这样想。〔3〕

一九六一年七月二日，在他第二次从精神病诊所出院一个月之后，海明威在家中用一把猎枪结束了自己的生命。

*〔1〕引自《白痴》，译林出版社一九九四年版。
〔2〕引自《达洛卫夫人》，上海译文出版社二〇〇七年版。
〔3〕引自《流动的盛宴》，上海译文出版社二〇〇九年版。

作家反目：从打笔仗到掴耳光

一九七六年二月的一天，在墨西哥城的一家电影院里，哥伦比亚作家加西亚·马尔克斯在一群前来参加研讨会的文化名流中发现了多年未曾见面的好友、同属“拉美文学爆炸”领军人物的秘鲁作家马里奥·巴尔加斯·略萨，马尔克斯高兴地叫了声“马里奥！”，伸出双臂向老友奔去。面对迎面而来的马尔克斯，略萨矫健地抡起胳膊，让一记重拳正中对方的面门，马尔克斯应声倒地，鲜血从鼻孔中奔涌而出。

略萨的这一拳结束了两位著名作家间的友谊，从此两人反目，三十多年形同陌路。据说，两人翻脸与女人有关：当年略萨和老婆闹离婚（后来二人重归于好），他老婆曾向马尔克斯寻求安慰，而马尔克斯给她带来的安慰据说超出了略萨可以接受的范围。

文坛是非多——这或许是很多人对这个圈子的共识。当两位作家结了梁子，其表达方式可能是口诛笔伐，也可能是直接动用武力。美国学者安东尼·亚瑟就写了这么一本书，专门论述欧美作家之间的是非，书名叫《反目：百年著名文学论战，从马克·吐温到沃尔夫》。该书共八章，分别讲述了八段著名的文坛恩怨，当事人有海明威、纳博科夫、卡波特、厄普代克这样的文学大腕。

辛克莱·刘易斯和西奥多·德莱塞

虽说马尔克斯和略萨的反目成仇并没有被收录其中，但该书记叙的某些场面在火爆程度上绝不逊色。《反目》第三章写的是美国作家辛克莱·刘易斯（Sinclair Lewis）和西奥多·德莱塞(Theodore Dreiser)之间的纠葛。刘易斯著有《巴比特》(*Babbitt*)等小说，是第一位获诺贝尔文学奖的美国作家；德莱塞则以《嘉莉妹妹》（*Sister Carrie*）等作品闻名，也是诺贝尔文学奖的有力竞争者，但最终不敌刘易斯，与诺奖擦肩而过。

这两位作家相识于一九〇七年，都做过杂志编辑，刘易斯在接受诺贝尔奖的演说中还对德莱塞大加称赞。然而，两人最终翻脸，起因是德莱塞有抄袭刘易斯妻子的作品之嫌。一九二七年，德莱塞与刘易斯的女友汤普森恰好都在俄罗斯采访，二人有许多共处的时光，“德莱塞对每个他碰到的女人几乎都设法引诱，所以他色诱刘易斯未来的太太，似乎也不是刻意的恶行”。事后德莱塞和汤普森各写了一本俄国纪行，德莱塞的书中有部分段落明显抄袭了汤普森的文字。刘易斯和德莱塞最终撕破脸皮是在他获诺奖后的一次晚宴上。当时，刘易斯上台讲演，面对包括德莱塞在内的文化名流，他宣称自己不屑于在一个剽窃过他老婆三千字的人面前发表演说。晚宴即将结束时，德莱塞把刘易斯叫到一旁的会客室，要求刘易斯收回刚才的话，要不就再讲一遍。谁知刘易斯又说了一遍，德莱塞给了他一巴掌，问他还要不要再说一遍，刘易斯态度坚决，又重复了一遍，德莱塞就又给了刘易斯一记耳光。当拉架的人群赶到时，刘易斯已经瘫倒在旁，却还在对德莱塞破口大骂："你不但是个骗子，还是个小偷！"

约翰·厄普代克和汤姆·沃尔夫

当然，并非所有的作家都崇尚暴力。约翰·厄普代克和汤姆·沃尔夫（Tom Wolfe）也是一对文坛冤家，但二人并没有动过武，他们甚至未曾谋面。厄普代克是美国小说家，以"兔子四部曲"等小说闻名于世；沃尔夫是美国作家、记者，"新新闻主义"的鼻祖，代表作包括《炽烈的虚荣》（*The Bonfire of the Vanities*）等。

早在一九六四年，厄普代克凭小说《马人》（*The Centaur*）获美国国家图书奖后，沃尔夫曾撰文讽刺厄普代克领奖时的邋遢模样："他拖着一双穿了十九个月的平底鞋……浓密厚重的头发简直是中古世纪的发型……他满脸通红，就像是宣统·廉姆斯公司的油漆颜色一样。"隔年他又嘲讽厄普代克发表在《纽约客》上的小说“充斥着列宁所说的‘中产阶级的感伤’”，暗示这位作家并非文学巨人，只不过是个逐渐成形的小侏儒。一九九八年，沃尔夫出版了小说《完美的人》(*A Man in Full*)，该书十分畅销，但遭到了一些评论家的批评，其中就包括厄普代克，如下评价足以让沃尔夫气愤，“这本书的作者……已经快日薄西山”、“这本书充其量只能拿来娱乐，算不上是文学作品，就算是拿最宽松的文学定义来衡量，也算不上”。当时批评这本书的还有作家约翰·欧文和诺曼·梅勒。对来自这三位年纪都不小的作家的批评，沃尔夫的回应是：“为什么这些‘名气响亮的老小说家’还要‘给特定的新小说下诅咒’呢？那是因为他们已经老了，累了，他们担心文学地位即将被人取代。”

欧内斯特·海明威和格特鲁德·斯坦因

文学地位的改变往往改变作家之间的关系。《反目》第二章写的是欧内斯特·海明威和格特鲁德·斯坦因（Gertrude Stein）之间的友谊和交恶。斯坦因比海明威年长二十多岁，是一位侨居巴黎的美国作家及女性主义者，在当地前卫文艺圈中处于领袖地位，她在家中组织派对，进进出出的都是著名文化人。海明威当时还未出名，“像只受困的海豹，脸上还有柔顺的表情”，经作家舍伍德·安德森的介绍，海明威成了斯坦因的座上客，他们一度交往甚密，在这期间，斯坦因给海明威等作家起了“迷惘的一代”这个著名的绰号。

几年后，海明威的名气越来越大，在一本名叫《春潮》（*The Torrents of Spring*）的小说里，他不但讽刺了安德森，还讽刺了斯坦因。斯坦因当时没有立刻和海明威翻脸，但在几年后出版的《艾丽斯自传》（*The Autobiography of Alice B. Toklas*）一书中对海明威进行了回敬，她指责海明威“受到斯坦因和安德森的塑造成名后，竟然断然否定安德森以及他所有的作品”、“是个冒牌货，假装自己是个现代派，本质上其实是个老牌的传统分子”，斯坦因甚至嘲讽了海明威“运动家”的形象：“海明威很脆弱，他每次只要做点运动，身体就有地方要受伤。”对此，海明威“强忍出拳殴打斯坦因的冲动，回骂斯坦因只不过是个脾气暴躁的老女同性恋，还说她的更年期让她变得‘呆头呆脑’”。虽然这些评语大部分没有公开发表，但后来海明威在《流动的盛宴》一书中正式回敬了斯坦因。这本记录巴黎生活的回忆录中有三章是专门写斯坦因的，文中暗示“斯坦因非但没有什么可以教给他的，她本身就是一个情绪化与懒惰的人，根本无法从海明威身上真正看到他那个时代的真实本质，以及他们对战争的反应”，而在题为“一个相当奇妙的结局”的一章中，海明威回忆了他登门拜访时无意中听到的斯坦因和她女伴之间的私房话，暗示斯坦因有失尊严，于是海明威旋即离去，这段友情也从此告终。

弗拉基米尔·纳博科夫和和埃德蒙·威尔逊

弗拉基米尔·纳博科夫和埃德蒙·威尔逊（Edmund Wilson）

Gabriel García Márquez

Ernest Hemingway

Truman Capote

Vladimir Nabokov

Gertrude Stein

John Updike

之间的关系也是由最初的互相欣赏转变为最终的相互指责。二人之中，前者是俄裔美国作家，著有《洛丽塔》(*Lolita*)、《微暗的火》(*Pale Fire*)等小说，后者是美国著名评论家。

纳博科夫于一九四〇年从欧洲来到美国后，结识了不少文化人，其中最好的朋友就是威尔逊。威尔逊乐于扶持知名度还不算高的作家，曾经帮助过海明威和司各特·菲茨杰拉德。起初纳博科夫和威尔逊的关系相当密切，写信时用昵称互相称呼，“两人都觉察到彼此卓越的天分，也乐于接受对方的赞扬”。威尔逊希望和纳博科夫一起分享他对一些作家的喜爱，但纳博科夫一向自视甚高，而且“像海明威一样，把别的作家都当成竞争对手”，他瞧不上眼的作家包括亨利·詹姆斯、威廉·福克纳、安德烈·马尔罗、陀思妥耶夫斯基、萨特、托马斯·曼等等。文学见解上的分歧也许是造成二人之间矛盾的原因之一，而《洛丽塔》一书则成了一个引爆点。该书叙述了一个中年男子与一个未成年少女之间的畸恋故事。对于这本纳博科夫流传最广的作品，威尔逊的评价却是“龌龊”。此外，二人对苏联作家帕斯捷尔纳克的小说《日瓦戈医生》也有分歧：纳博科夫认为此书是“可悲之物，不但笔法笨拙，剧情也很通俗”，而威尔逊却在《纽约客》上夸赞这部作品是“人类文学史上最伟大的事件之一”。于是，纳博科夫和威尔逊渐行渐远。此后，纳博科夫翻译了俄国作家普希金的著作《欧根·奥涅金》，并在译本中加入了大量的注释，威尔逊却不喜欢这部译作，撰文称纳博科夫的翻译是“令人失望之作”，而且语气颇为尖锐：“大家都知道纳博科夫怪僻倔强的怪脾气，他喜欢戏弄读者，故意惊吓读者或者让读者觉得苦恼。”纳博科夫非常生气，他展开反击，称威尔逊不具备评论俄文的资格。后来他又在其他场合说，其实让他感到失望的真正原因，是“一位亲爱的朋友”竟然“变成了一个爱妒忌的家伙”。威尔逊对纳博科夫的态度转变是否真正出于妒忌还有待研究，但这位评论家说过的一段话倒是颇有意味：

> 有一个很好的办法可以让书评作家由衷产生一种创作感，那就是鼓励新作家，并且让书评家们认识这些仍然默默无名的新作家。要是书评家面对的是已为人所知的作家，他们必会油然产生一种权力感，想要打压作家，建立权威……我们目睹了许多作家在他们还无人闻问的时候受到评论家的大力推崇，但后来就被贬抑轻蔑了。

杜鲁门·卡波特和戈尔·维达尔

作家之间的反目也可以带有喜剧色彩。杜鲁门·卡波特和戈尔·维达尔（Gore Vidal）有很多共同之处：他们都外表好看、才华横溢、充满抱负、善于社交和自我宣传，他们同样厌恶法国理论家，不喜欢约翰·巴斯，不喜欢“垮掉的一代”，他们两人年纪相仿，都是众所周知的同性恋作家。卡波特因《蒂凡尼的早餐》（*Breakfast at Tiffany's*）、《冷血》（*In Cold Blood*）等作品闻名，维达尔则写过《华盛顿特区》（*Washington, D.C.*）等小说和剧本，并积极参与政治。

虽然二人有颇多相似之处，但这两位作家从头到尾都是冤家对头，初次在派对上见面就开始互相揶揄。他们都和肯尼迪家族有些交往，这个共同点反倒加剧了他们的矛盾。卡波特在接受某杂志采访时爆料，说维达尔有一次去白宫做客，因为醉酒后胡说八道，被人从白宫扔出门外。维达尔一怒之下将卡波特告上法庭。在法庭上，维达尔还不忘发挥幽默，讽刺卡波特身材矮小。当被问及与卡波特上一次在一场舞会上见面的情景时，维达尔和法官的对答颇为滑稽：

问：当时有什么事情发生吗？

答：我坐在了卡波特的身上。

问：什么意思？

答：我那天没戴眼镜，结果我就坐在他身上了，我以为他是张小矮凳，结果没想到是卡波特。

问：你坐在卡波特身上的时候，他坐在哪里？

答：他坐在一张更小的矮凳上。

莉莲·海尔曼和玛丽·麦卡锡

因为“名誉受损”而法庭相见的作家并不仅限于卡波特和维达尔。女剧作家莉莲·海尔曼（Lillian Hellman）也曾将女作家、评论家玛丽·麦卡锡（Mary McCarthy）告上法庭。事件的起因是麦卡锡在一次电视访谈节目中批评海尔曼的作品不诚实。这场官司因为原告去世最终不了了之，但麦卡锡在电视节目中对海尔曼的讽刺却让人印象深刻：

主持人：海尔曼有什么不诚实的地方吗？

麦卡锡：她写的每件事都不诚实。我就曾经在一次访谈中讲过，她写的每个字都在说谎，包括“and”和“the”，都在说谎。

作家之间的反目故事当然不止这些。《反目》一书还详述了马克·吐温与布莱特·哈特、C. P. 斯诺与 F. R. 利维斯之间的矛盾。此外，在未被本书提及的作家中，除了上文提到的马尔克斯和略萨，像萨曼·拉什迪与约翰·勒卡雷、马丁·阿米斯与朱利安·巴恩斯之间的交恶也是广为人知。

在《反目》的前言中，作者亚瑟问道：“好作家会不会是坏人？”有一些评论家坚决地认为很多作家根本不是什么好人。但人们为什么乐于窥探作家的缺陷呢？对此亚瑟认为：“造成这种现象的真正原因，是我们无法理解为什么这些人可以栩栩如生地描绘人性缺憾（以及生命的喜悦），但是他们本身并不完美。从负面角度来说，我们的兴趣只不过是一种‘幸灾乐祸’，一种以别人的不幸为乐的卑鄙感受。从正面角度来看，这是对于作家在艺术中克服自身限制的一种欣赏。”

《反目》一书的主题很容易让读者把此书误解为一本收集文

坛八卦的娱乐性读物。事实上，虽然这本书确实充满八卦，但是假如读者对这些作家和他们的作品没有足够的了解和兴趣，只为寻觅花边新闻而来，那么他肯定会被这本书中大段“不相关的文字”搞没了兴趣——除了八卦，作者花了大量的篇幅介绍作家，并对他们的作品和文学观念进行了详细的阐述和分析。在这个意义上，《反目》可以被看作一本打着八卦的幌子介绍作家及其作品的著作。读罢此书，读者可能会感觉：那些塑造过众多有血有肉的人物的作家，他们本人也无法脱俗——也是有血有肉的。

* 本篇引文引自《反目：百年著名文学论战，从马克·吐温到沃尔夫》，台湾时报文化出版社二〇〇八年版。

II 这样的故事没有结局

既不荒野，也无侦探

一九九二年，一位住在西班牙的智利作家得知自己的肝病已经日趋恶化。考虑到所剩时日不多，这位已经四十岁但仍然默默无闻、一直以写诗为主的作家决定开始集中精力写小说，希望靠出版小说挣的钱改善经济拮据的家庭状况，并给孩子留下一笔遗产。于是他把自己关在巴塞罗那附近的一间屋子里，整天足不出户地写作。这位作家于二〇〇三年去世，死前他写了几百万字的小说，其中既有短小精悍之作，也有近千页的大部头。

也许他事先没有想到自己的小说会在拉丁美洲文坛掀起一阵热浪，人们会把他和马尔克斯、略萨、科塔萨尔等文学大师相提并论，并把他称为“当今拉美文坛最重要的作家”。而在他死后，随着英译本的出版，这位作家更是在世界范围内受到广泛的重视和推崇，他的《荒野侦探》（*Los Detectives Salvajes*）、《2666》等小说在欧美大受欢迎，读者和评论界喝彩声不断。据说，自从四十年前马尔克斯的《百年孤独》横空出世以来，再也没有哪一位拉美作家能够折腾出如此之大的动静。

这位五十岁便离开人世的作家名叫罗贝托·波拉尼奥(Roberto Bolaño)。随着长篇小说《荒野侦探》中译本的出版，中国读者也将开始熟悉这个名字。

《荒野侦探》并不是一部侦探小说。在五百多页厚的中译本中，“侦探”一词除了标题以外几乎难以找到。误把此书当作一部刺激的通俗侦探小说来阅读的读者可能会被书中大量关于诗人、诗歌、作家和文学的内容搞没了兴趣（当然他也可能会惊喜地发现这本书里竟然有不少火辣赤裸的性描写)。《荒野侦探》写的其实是诗人的生活。小说的主人公是两位混迹墨西哥、后来又辗转于世界各地、过着流浪生活的落魄诗人。这两位诗人曾经像侦探一样寻找过一位已经销声匿迹多年的前辈诗人，而小说中间部分独特的叙事方式又会让人感觉似乎存在着一位隐形的侦探，多年以来一直在世界各地的角落里监视着这两位诗人漂泊不定的行踪。

罗贝托·波拉尼奥本人正是一位曾经漂泊不定的诗人。他于一九五三年生于南美的智利，一九六八年随父母搬家到墨西哥。波拉尼奥在青少年时期便已辍学，他迷上了文学，常从书店里偷书来读，还对左翼政治活动产生了兴趣。一九七五年波拉尼奥和好友桑迪耶戈在墨西哥发起了一个叫做“现实以下主义”(Infrarrealismo）的地下诗歌运动，在艺术上追求“法国超现实主义与带有墨西哥风格的达达主义的结合”，这个小团体中的诗人不但写诗、出版自己的杂志，还经常跑到他们不喜欢的作家的文学集会上去捣乱。被他们视为“敌人”的作家中包括后来的诺贝尔奖得主、诗人奥克塔维奥·帕斯以及女作家卡门·波略萨。一九七七年，波拉尼奥离开墨西哥，独自到国外漂流。他花了一年时间在法国、西班牙和北非旅行，其间在巴塞罗那短暂地定居过一段时间，此后他又到地中海沿岸的各地周游，靠打零工挣钱，洗过盘子，摘过葡萄，拾过垃圾，看管过露营地，干过码头工，还经营过小店。他利用空闲时间写诗，他的名片上写的是：“罗贝托·波拉尼奥，诗人、流浪者”。波拉尼奥于八十年代结婚，并在一座西班牙小城定居，夫妇二人生有一子一女。

决定靠写小说养家之后，波拉尼奥开始了勤奋的写作。一九九六年，他的小说《美洲纳粹文学》（*Literatura nazi en América*）得以出版。在这部伪百科全书式的作品里，波拉尼奥虚构了一批并不存在的作家和他们的作品。随后出版的小说《远方星辰》（*Estrella distante*）是《美洲纳粹文学》最后一章的扩写，主人公是一位纳粹诗人。一九九八年，《荒野侦探》的出版使波拉尼奥成为一位备受关注的作家，这部作品获得了西班牙语文学最重要的大奖“罗慕洛·加列戈斯国际小说奖”。此时波拉尼奥的身体状况已经更加恶化，但他坚持每天花大量的时间写作，陪伴他的只有香烟和茶，他曾连续写作四十多个小时，还曾因为写小说忘记去医院接受医疗检查。他又于一九九九年出版了小说《护身符》（*Amuleto*），其主人公是在《荒野侦探》中出现过的一位自称“墨西哥诗歌之母”的女性。二〇〇〇年出版的小说《智利之夜》（*Nocturno de Chile*）写的是一位智利的神父兼文学评论家，他做过皮诺切特政府的帮凶，但他坚信自己毫无罪责。在被肝病夺去生命以前，波拉尼奥一直在写一部名为《2666》的长篇小说，这部鸿篇巨制最终并没有完成，但此书于二〇〇四年（作者去世后一年）出版后再次引起轰动。该书的西班牙语版厚达一千一百多页，分成五个部分，最后一部尚未写完。这部小说围绕几位来自世界各地的文学爱好者寻找一位失踪多年的作家的故事，将读者带到了一座杀人案不断发生的墨西哥小城。二〇〇九年，该书的英译本获得了美国“国家图书评论界奖”。

“他们盛情邀我加入本能现实主义派。我欣然接受了。没有举行任何入会仪式。这样反倒更好。”翻开《荒野侦探》，读者读到的是一位名叫胡安·加西亚·马德罗的十七岁少年的日记。《荒野侦探》分为三个部分。在小说的第一部分（题为“迷失在墨西哥的墨西哥人”），读者随这位少年诗人来到一九七五年的墨西哥，游荡于大学校园里的诗歌研讨班、醉鬼和诗人出没的酒吧、黄昏时灯光暗淡的街道、时常有诗人来偷书的小书店、楼上窗帘后面似乎隐藏着陌生人的大宅子……在这里，叙事者结识了一批自称“本能现实主义者”的年轻诗人，并很快成为其中一员（虽然他“其实还拿不准什么是本能现实主义”）。不难猜出，“本能现实主义”正是波拉尼奥当年创立的“现实以下主义”的化身，而这个诗歌团体的两位创始人——乌里塞斯·利马和阿图罗·贝拉诺——分别对应于波拉尼奥的好友桑迪耶戈和波拉尼奥本人。

小说的这一部分弥漫着一种梦幻般的迷人气氛。虽然《荒野侦探》并非魔幻现实主义小说（波拉尼奥曾经强烈抨击魔幻现实主义及其代表作家马尔克斯），但和其他拉美作家一样，波拉尼奥善于使用平静的语言、讲故事一般的叙事方式，不动声色地给笔下的人物和事件涂抹上一层神秘感和梦幻色彩。这种梦幻气氛既来自于墨西哥本身的神奇魅力（叙事者曾写诗描绘过墨西哥“无尽的地平线”、“废弃的教堂”和“通向边界的公路上方的海市蜃楼”），也来自于少年的迷茫、躁动和奇遇（十七岁的叙事者不但遇到了行为古怪的诗人，成为某个文学团体的一员，还邂逅了“墨西哥城最放荡的女孩”，失去了处子身，从此诗歌和性成为他青春期生活的两个重要主题），这种迷人气氛更和书中描绘的活跃于上世纪七十年代的那些文学青年的生活方式有关（墨西哥城“每周像鲜花般盛开着数百个作家班”，年轻的诗人们在诗歌课堂上为诗歌争论不休，然后“又走进位于布卡雷利大街上的一家酒吧，在那里畅谈诗歌，坐到很晚才分手”）。

和他仰慕的作家博尔赫斯一样，罗贝托·波拉尼奥从不掩饰自己对通俗小说的喜爱。在《荒野侦探》的第一部分，作者对色情小说的兴趣自然是一目了然，而这一部分的故事在结尾处又明显带有好莱坞动作片的特征：为了保护一位名叫鲁佩的年轻妓女，叙事者和“本能现实主义”的两位创始人——乌里塞斯·利马和阿图罗·贝拉诺——一起，在一九七六年的第一个凌晨，驾驶着一辆汽车带着那位妓女向墨西哥城的北方狂奔而去，在他们身后，妓女的皮条客和他的手下驾驶着另一辆车紧追不舍……小说的第一部分写至此处戛然而止。

令人惊奇的是，在《荒野侦探》的第二部分（题为“荒野侦探”），波拉尼奥突然笔锋一转，将前一部分讲了一半、悬在半空的故事搁置不顾，固执地另起炉灶，开始了一番截然不同的叙事。

小说长长的第二部分读起来几乎不像小说，反倒更像几百页的采访记录。似乎有一位（或多位）始终身份不明的采访者（或侦探？），从一九七六年至一九九六年，花了长达二十年的时间，采访了世界各地几十位与诗人乌里塞斯·利马及阿图罗·贝拉诺有过交往的各色人士，这些受访者的谈话记录构成了小说的这一部分。这些谈话者当中既有墨西哥的老诗人、诗人的往日情人、文学杂志的编辑、“本能现实主义”的成员和他们的朋友，也有巴黎的落魄诗人、来自伦敦的漂泊者、法国的渔民、维也纳的抢劫犯、罗马的律师……从这些人各说各话、有时口径统一、有时相互矛盾的讲述当中，读者大致可以拼凑出这两位诗人从七十年代后期到九十年代中期的行踪——出于某种不详的原因，他们远离墨西哥，在异国他乡过着波西米亚式的流浪生活。他们各自辗转于法国、西班牙、以色列等国，经常靠打零工过活，时常居无定所，始终飘零落魄，随着青春的消逝，他们与诗歌渐行渐远。

热衷于看故事的读者可能会抱怨小说的这一部分缺少情

节、琐碎乏味。可是，耐心读完之后，你不得不佩服波拉尼奥可以变换出如此众多声音的能力。而且，在这些碎片式的讲述中，读者不难发现离奇、有趣、感人，甚至幽默的故事（最滑稽的一段可能是贝拉诺找一位西班牙评论家决斗的故事：贝拉诺坚信这位文学评论家将会批评他还未上市的新作，虽然对方当时还不知道那本书的存在，他还是愤怒地要求和评论家决斗）。然而，小说第二部分给人的整体感觉是哀伤的。如果说本书第一部分描写的是一群年轻诗人在诗歌梦中的纵情狂欢，那么第二部分写的就是梦的逐渐褪色和青春的最终老去。而这个变化过程是缓慢而不知不觉的。几百张书页被翻过之后，读者发现当年的诗人们已经锐气全无，“本能现实主义”也已几乎被人遗忘。波拉尼奥曾经说过：“《荒野侦探》是写给我那一代人的一封情书。”

小说第二部分的谈话记录基本上按时间顺序排列，从一九七六年直至一九九六年。其中唯一的例外是一段发生于一九七六年的访谈，小说不断地回到这段长长的访谈中来。从这段回忆中读者得知：在一九七五年左右，乌里塞斯·利马和阿图罗·贝拉诺一直像侦探一样在寻找一位失踪多年、名叫塞萨雷亚·蒂纳赫罗、被认为是“本能现实主义者之母”的前辈女诗人。奇怪的是，几乎没有人读过这位女诗人写的诗。当他们终于从一本早期文学刊物中读到她留下的唯一作品时，他们发现那首诗竟然没有文字，完全由几幅图画构成。利马和贝拉诺最终打探出蒂纳赫罗可能隐居在索诺拉沙漠，于是他们计划去沙漠中寻找那位女诗人。这时读者可以明白：在小说第一部分的结尾，那辆载着诗人和妓女的汽车正是向索诺拉沙漠开去。

在被搁置了厚厚的数百页之后，《荒野侦探》第一部分没有讲完的故事终于在题为“索诺拉沙漠”的第三部分得以继续讲述。故事重返一九七六年，小说的叙事形式又回到了十七岁诗人胡安·加西亚·马德罗的日记。小说这一部分的情节发展迅速：诗人马德罗、利马、贝拉诺和妓女鲁佩在索诺拉沙漠躲避皮条客的追踪，同时寻找隐居的前辈女诗人蒂纳赫罗。女诗人终于被找到，但追踪者也尾随而至，于是一场枪战在所难免，而故事的结局充满荒诞色彩。

除了奇异的结构，《荒野侦探》还有很多后现代小说的特征。小说的出场人物中除了大量的虚构角色，还包括一些真实存在的人物（例如著名的墨西哥诗人奥克塔维奥·帕斯，在这部小说中他曾经面临被“本能现实主义”者绑架的危险）；这部小说中提及的作家和文学作品数不胜数（书中有一个章节包括大约三页纸的作家名单）；波拉尼奥还在这部小说中安插了一些对生僻文学名词的解释，甚至“脑筋急转弯”式的画谜。而整部小说就是以一幅画谜结尾的，谜面是一个非常简单的图案，至于谜底是什么，也许没有人能够猜到。

身为拉美作家，罗贝托·波拉尼奥对“魔幻现实主义”不屑一顾，他还批评过很多位著名的拉美作家。他讥笑马尔克斯“过分热衷于结交总统和大主教”，称略萨和马尔克斯一样是个

“《荒野侦探》是写给我那一代人的一封情书。”

“马屁精”；称伊莎贝尔·阿连德是“三流作家”，其作品“不是庸俗就是差劲儿”。同时，波拉尼奥承认自己受到过胡利奥·科塔萨尔的影响，并且非常推崇博尔赫斯。事实上，波拉尼奥的小说和博尔赫斯的作品一样带有书卷气和游戏趣味（他曾改写过博尔赫斯的一篇小说，而虚拟百科全书《美洲纳粹文学》明显带有博尔赫斯的气质）。不同于“魔幻现实主义”派的拉美作家，波拉尼奥并不热衷于家族史、拉美政治等史诗性的题材，他笔下的人物类型很窄，主要集中于当代知识分子。在文字风格方面，波拉尼奥很少使用铺张的文字进行场景和意识流描写，他更喜欢使用接近口语的、讲故事似的叙事方式——这一点又和博尔赫斯很相似。然而波拉尼奥同时具有博尔赫斯并不具备的特质：在“后现代”的外衣之下，波拉尼奥的作品中能够读出强烈的感情和强大的气势；而且，放荡不羁、漂流四方、英才早逝的传奇经历使得这位作家身上闪烁着一种强烈的个人魅力。当我想象博尔赫斯，我的眼前是一位在图书馆里优雅地踱步的老年学者；当我想象波拉尼奥，我看到的是一位留着披肩长发和凌乱的小胡子、身穿破旧的山羊皮夹克、眯着眼睛站在墨西哥城某个偏僻的酒吧门口独自抽烟的身影单薄的男子。

这个单薄的身影已经离我们而去，在他身后留下了十部小说、三本短篇小说集和大量的诗歌。当读者翻开这些作品的书页，他们会发现：拉美文学图景从此不再一样。

一部气势磅礴的奇书

应该如何来形容罗贝托·波拉尼奥的长篇小说《2666》？也许可以这样说：《2666》是一本极有分量的书。这本书的英文精装版（Farrar, Straus and Giroux 出版社，二〇〇八年第一版）厚达八百九十八页，托在手中像捧着一块砖头。封面上“2666”四个字粗大、厚重，呈血红色，浮在一幅幽暗的油画背景之上，隐隐散发出一种神秘感。而这种神秘感并不会在你读罢此书之后消失殆尽，因为至今为止还没有人能完全解释清楚为何这本书名叫《2666》——除了作为书名，“2666”这个数字在这部小说里根本没有出现过。也许会有人建议：为什么不去问问作者？是这样的：作者已经不在人世。

此书的作者——旅居西班牙的智利作家波拉尼奥——于二〇〇三年因肝病去世，当时年仅五十岁。《2666》是他生前最后一部小说，写作过程历时五年，最终也没有写完（至少没有完成最后的修改润色）。然而，这本并未最后完成、书名的用意无人能解、作者生前大部分时间都默默无闻的西班牙语小说却在最近几年掀起了一股热潮。在美国（这个被诺贝尔文学奖评委会成员贺拉斯·恩达尔称为“无知”、“孤立”、“缺乏对世界文学的翻译”的国家），《2666》的英译本登上了畅销书榜，并于二〇〇九年获得“国家图书评论界奖”（该奖以前从未颁给过翻译作品和已故作家），而《时代》周刊则将此书评为“二〇〇八年度最佳小说”。评论界对《2666》的评价几乎是一边倒的赞誉。所有迹象表明：从今以后，当我们谈论当代拉美文学的时候，除了马尔克斯、略萨、科塔萨尔等等这些熟悉的名字之外，我们不得不提到一个崭新的名字：罗贝托·波拉尼奥。

波拉尼奥是当代拉美作家中的离经叛道者。如果说带有半自传性质的《荒野侦探》表现的是一群上世纪文学青年在生活方式上的离经叛道，那么《2666》的离经叛道则更多体现于这本书打破传统的写作手法。此书结构奇特，语言风格变化多端，阅读这部小说给人一种在迷宫中行走的感觉。然而比起很多同样被打上“后现代”标签的小说，《2666》具有更强的可读性和足以打动读者的震撼力。

《2666》由相对独立但彼此呼应的五个部分组成，每一部分的标题都极其直白。小说的第一部分题为“文学评论家”，主人公是四位（三男一女）当代欧洲文学评论家，他们的命运因一位名叫本诺·冯·阿琴波尔迪的德国作家而联系在一起。这位名字古怪的作家在小说的这一部分并未现身，此人过着一种比托马斯·品钦还要隐秘的遁世生活——没有照片、从不露面、无人知道此人身居何处，然而他的那些并不畅销的小说却使一群包括这几位评论家在内的小众读者激动不已。这四位学者在各自的国家翻译、研究阿琴波尔迪，最终在国际文学研讨会上相识并成为好友，随后，一种罗曼蒂克的感情在这一女三男之间渐渐萌发，于是我们看到一出多角恋爱的轻喜剧开始上演。一个偶然得来的小道消息让人相信阿琴波尔迪最近忽然在墨西哥现身（此前四人一直苦苦寻找这位神秘作家但均无结果），于是，这四位评论家中的三位飞往墨西哥，来到一座名叫圣特莱莎的破败城市……

小说开篇的基调是平静甚至轻松的。作者的叙事风格简洁而传统（虽然也有偶露峥嵘之处，例如：小说在英文版的第十八页忽然出现了一个长度超过四页纸的复合长句，让人怀疑作者写至此处可能兴致突发，决定只用一个句子来讲完一个并不简单的故事）。书中关于（作者虚构的）德国作家阿琴波尔迪的文字能够让人读出一些博尔赫斯的味道：使用带有浓厚书卷气的语言有板有眼地介绍、分析一位凭空杜撰出来的作家及其作品——波拉尼奥似乎和博尔赫斯一样喜欢这种玩法。博尔赫斯是一位可以把书卷气和神秘感结合在一起的作家，在这一点上波拉尼奥也毫不逊色。小说的第一部分虽然写的是混迹于学术圈的中产阶级知识分子，但敏感的读者可以体会到隐藏在文字背后的一种莫名的神秘感。随着情节的发展，这种神秘感愈来愈强，小说的气氛也变得逐渐凝重，当几位主人公抵达圣特莱莎（这座城市在这部小说里至关重要）之后，小说的气氛开始变得诡异甚至带有梦幻色彩。

当小说进入第二部分，诡异气氛愈发明显，小说情节更加“超现实”，而这一部分的主人公，一位住在圣特莱莎的哲学教授，正在一天天地接近神经错乱的边缘。小说的这一部分题为“阿玛尔菲塔诺”，主人阿玛尔菲塔诺曾在小说第一部分作为当地学者接待过前来寻找阿琴波尔迪的几位欧洲评论家（从小说第二部分开始，我们再也没有见过他们）。阿玛尔菲塔诺的妻子劳拉因为迷恋一位住在精神病院里的诗人离他而去（小说中劳拉寻找她的偶像诗人的情节让人不禁想起《荒野侦探》中那些充满“荒野流浪者”味道的令人着迷的漂泊故事）。如今阿玛尔菲塔诺独自和十七岁的女儿住在墨西哥边境的荒凉小城圣特莱莎。他开始产生幻觉，听到已经死去的亲属对他讲话；他的行为开始变得古怪：有一天，他决定把一本在整理书籍时偶然发现的几何学著作悬挂在院子里的晾衣绳上，为的是看一看这本抽象的数学著作“如何抵御大自然的攻击”、“如何战胜沙漠天气”，“这样风可以在书页间游走，选择它感兴趣的问题，翻动并撕下那些书页”。

小说的这一部分不再像第一部分那样轻松易读，白描式的人物行动描写开始被大量的内心活动描写所代替。此外，这一部分的文字中夹杂着主人公对书籍和旧文献的研究以及对哲学和文学的思考，甚至配有令人费解的图示。其中有一个段落值得玩味：主人公遇到一位爱读小说的药剂师，（在主人公看来）

此人在阅读时总是挑选文学大师们小品式的次要作品，而不是他们最伟大的著作（例如，喜欢卡夫卡的《变形记》而不是《审判》，喜欢赫尔曼·麦尔维尔的《文书巴托尔比》而不是《白鲸》），对此主人公评价道：

> 一个多么可悲的荒谬现象，阿玛尔菲塔诺心想，如今连爱读书的药剂师都对那些伟大却并不完美、如激流般气势磅礴、把读者引向未知之处的书籍望而却步。他们总是选择文学大师完美的练笔之作，或者说，他们乐于观看大师们在练拳时摆出搏击的造型，却对真正的搏斗不感兴趣……

小说进入第三部分，主人公再次换人。在这一部分（题为“法特”），主人公是一位笔名叫奥斯卡·法特的美国黑人记者，他就职于一家纽约的杂志，因为一场在墨西哥举行的拳击比赛被派到圣特莱莎进行采访。在这里他邂逅了一群当地的媒体人，还结识了阿玛尔菲塔诺的女儿。法特得知，这座边境城市正在受到连环谋杀案的威胁，不断有当地妇女遭到杀害、强奸，然后被弃尸野外。法特试图采访、报道这些骇人的命案，却发现困难重重……

小说这一部分的叙事风格明显不同于前两部分。波拉尼奥用冷峻、简洁的文字描述了法特从纽约来到圣特莱莎的过程，文字读起来颇像“极简主义”小说或“冷硬派”（Hard-boiled）侦探小说。然而，小说这一部分带给读者的阅读感受却不同于普通现实主义小说或侦探小说。至少有一点可以肯定：传统小说的叙事脉络清晰、主次分明，而阅读《2666》却常常给人“作者跑题了”的感觉。例如，小说的这一部分写到法特在寻访某个人的过程中听到了一次教堂演讲，而波拉尼奥竟然用了十页纸将演讲的全文记录下来；他还用一页纸的长度记录了主人公坐飞机时听到邻座乘客讲述的一个关于海上求生的离奇故事；此外书中还穿插了一大段关于某位好莱坞导演的八卦。事实上，读者在整部《2666》中会遇到大量类似的“离题文字”——一段莫名其妙的对话、一批仅仅出场一次的人物、一些与当下情节毫无关系的小插曲、大量关于梦境的描述……假如这些文字被删掉的话绝对不会破坏小说情节的完整性，但波拉尼奥似乎乐于经常让小说暂时停留在这些旁枝末节之上。这样做的意义何在？我想，这些看似离题的文字很多可以起到烘托整体气氛的作用，同时，它们作为作料增强了小说的可读性和神秘感，而大量旁枝末节的存在还增强了整部小说纷繁复杂的质感。

小说的第四部分题为“罪行”，这是整部小说篇幅最长、也是最为黑暗的部分。对于发生在圣特莱莎的连环杀人案，小说在第一部分曾几笔带过，第二部分有更多提及，小说在第三部分把读者的视线拉得更近，而在小说的第四部分，作者将这些接连发生的杀人案血淋淋地呈现在读者面前，让人不寒而栗。读者得知，从一九九三年一月至一九九七年十二月，共有超过一百位女性在圣特莱莎遭到谋杀，警方一直未能破获这些命

“我更喜欢带点自传内容的作品，因为这是讲‘自己’的文学、区别自己与他人的文学，而不是讲我们大家的文学。”

案，也无法阻止这些案件的继续发生。令人吃惊的是，在小说的这一部分，波拉尼奥竟然将这百余起杀人案的详情以类似警方调查报告的形式一桩接一桩地按时间顺序罗列在书中。这一部分读起来几乎不像小说，而像新闻报道的拼贴。在这些犯罪记录之间穿插着一些与之相关的人物和他们的故事：当地的警察、势力强大的毒枭、试图报道真相的记者、来自美国联邦调查局的著名侦探、自称能预测未来的女巫师、有政治影响力的国会女议员、在监狱里可以呼风唤雨的嫌疑犯……虽然这些故事增强了小说这一部分的可读性，但是可以肯定，那些一篇接一篇的犯罪记录会把一些读者搞得头疼，甚至让他们丧失继续读下去的兴趣（对于这些读者，在此不妨提供一个小贴士：阅读那些犯罪记录时不必强求自己记住其中的人名和细节——简言之，可以“速读”）。

《2666》中描述的连环杀人案取材于发生在墨西哥的真实事件。书中的圣特莱莎其实是墨西哥北部边境城市华雷斯城的化身。华雷斯城据说是世界上谋杀案发生频率最高的城市，当地妇女遭谋杀的案例曾在十二年内累计超过三百四十人。波拉尼奥虽然是在西班牙完成这部小说的，但他一直高度关注这些谋杀案，并经常请身在墨西哥的朋友帮助收集资料。可是，真的有必要在小说中罗列上百篇的犯罪记录吗？这种做法除了让读者感到乏味还有其他意义吗？对此笔者也曾心存疑问，但有一点值得指出：读者连续阅读这些大量的犯罪记录的过程其实是一个从“感到震撼”到“习以为常”以至最后“麻木不仁”

的过程，而在一个像圣特莱莎这样犯罪高发的城市里，从政府、警方到当地居民，可以想象，他们也会经历类似的过程，也就是说，因为罪行的频繁，人们会逐渐地对罪恶变得麻木不仁，甚至接受它们、把它们当成生活的一部分。如果说作者不厌其烦地罗列这些罪案有任何意义，那么也许它的意义就在于让读者通过阅读来间接体验这种对于频繁发生的罪恶变得麻木不仁的可悲可叹的心理过程。

当小说令人压抑的第四部分终于结束，读者会在题为“阿琴波尔迪”的最后一部分中重新找回阅读的乐趣。故事回到二战之前的德国，那几位评论家在小说开头一直寻找的德国作家本诺·冯·阿琴波尔迪此时终于现身，而他的故事要从童年讲起。在这一部分，小说的文字风格一改不久前冰冷、残酷的面貌，变得柔和而细腻（就像在一阵长时间表现暴风雨的隆隆鼓声停息之后，忽然响起一段优雅的小提琴独奏）。我们目睹一个出生于海边农村的孩子如何迷恋一本名叫《欧洲沿海地区的动植物》的书、如何成为一个日趋落败的庄园里的少年仆人、如何开始读小说、如何入伍走向二战战场、如何在战争中经历种种奇遇、如何在战后成为一名作家、如何让自己落入不得不隐姓埋名的境地、如何与发生在墨西哥的谋杀案发生联系、如何决定前往圣特莱莎……

小说的第五部分可以被看作一部高度浓缩、充满想象力（甚至幽默感）的独立的历史小说。其中关于战争和屠杀犹太人的描述与小说前一部分描写的暴力相互呼应。小说的情节在接近尾声时终于和前几部分的内容发生了联系。然而，《2666》的结尾让人略感草率，似乎作者写至最后笔力不支，于是匆匆结尾收场。这可以理解：我们读到的结尾应该写于这位作家临近去世的日子，可以想象，那时波拉尼奥在和时间赛跑。假如能有更多的时间，他一定会把这部小说修改、润色得更为出色，但即使是我们今天读到的这个版本也足以让人惊叹这位作家的才华和能量。

《2666》属于这样一类小说：它会让一部分读者兴奋不已、奔走相告，也会让另一批人皱起眉头、不以为然。有一点可以肯定，这是一部打破传统、风格独特的奇书。这部近九百页的小说里出现了数不尽的人物，穿插着众多的旁枝末节，讲述了大量没有结局的故事，留下了许多没有谜底的谜语。它的文字精彩、气势强大。读罢此书，喜爱这本书的读者也许并不能马上洞察这些文字的全部秘密，但他肯定不会忘记自己沉浸于这些书页之间的奇妙时光。《2666》写的究竟是什么？暴力、文学、疯狂、时间——这些关键词大概有助于谜底的揭开。

我们可以借用波拉尼奥自己的文字来形容《2666》这本书：这是一部伟大但并不完美、如激流般气势磅礴、把读者引向未知之处的小说。读者看到的并非一位拳击手在练拳时摆出的完美造型，而是一位富有才华的作家真正的肉搏战。

诗人、流浪者

我在网上看到一张罗贝托·波拉尼奥早年的名片，内容和版式都极其简单，没有电话号码和E-mail，只有一个位于某西班牙小城的住址，职业是“诗人、流浪者”。波拉尼奥如果能活到今天（这位智利作家于二〇〇三年去世），应该刚刚过完六十岁生日。如今他最著名的头衔是“著名小说家”，诗人的身份偶尔会被提及，至于作为流浪者的经历，人们大概所知更少。然而这些经历构成了波拉尼奥小说的一个重要部分，长篇小说《荒野侦探》中很多情节应该来源于作者的流浪生涯，而在波拉尼奥的短篇小说集《地球上最后的夜晚》（*Llamadas Telefonicas*）当中，反复出现的也是一些漂泊不定、浪迹天涯的人。

《地球上最后的夜晚》中收录的小说很多读起来不像小说，而更像是回忆录或笔记，换句话说，不像虚构，更像是真实事件的记录。如果使用第一人称叙事，这些故事中的“我”很容易让人联想起作者本人；如果使用第三人称叙事，故事中经常出现一个化名为B的人物，不管这个B的身份是罗贝托·波拉尼奥还是阿图罗·贝拉诺（Arturo Belano，波拉尼奥经常在小说中使用的自己的化名），作者似乎都不介意读者把这个人物想象成他本人。

让我们索性把这些“我”和这些“B”当成一个人。那么小说《毛毛虫》写的是B少年时期在墨西哥城逃课、逛书店和混电影院的经历；标题小说《地球上最后的夜晚》写的是二十二岁的B和父亲（一位退役拳击手）的一次出游；《在法国和比利时闲逛》如标题所言，写的是B在这两个国家晃荡的经历；《通话》涉及B中年时期的一段不成功的恋情；《一件文学奇事》记录的是B与一位文学评论家的怪异关系；而《邀舞卡》几乎就是一篇简短的关于B的人生大事记。除此之外的大部分小说记录的是B漂游生涯中邂逅的一些人物，故事的主人公大多是不得志的文化人或者有些落魄的漂流者：《圣西尼》写的是一位靠参加小说比赛赚奖金为生的落魄小说家；《恩里克·马丁》的主人公是一位

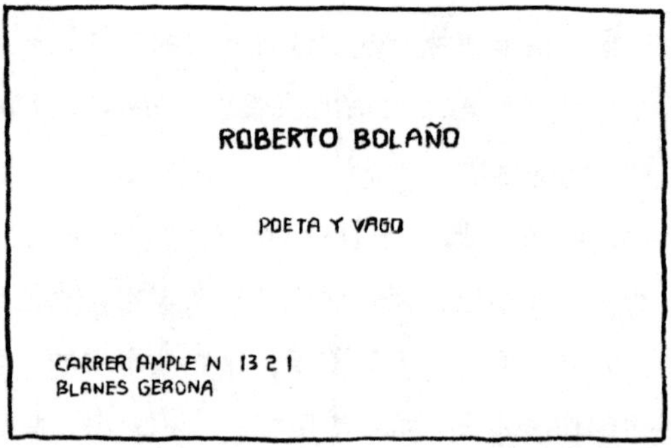

为通俗杂志撰写UFO文章的前诗人；《安妮·穆尔的生平》讲的是一位如浮萍般在世界各地漂流的经历坎坷的女子；《“小眼”席尔瓦》的主角是一位曾在欧洲和印度漂泊的摄影师；《戈麦斯帕拉西奥》写的是一位在墨西哥沙漠中担任文学美术馆馆长的寂寞的女性诗歌爱好者；《1978年的几天》的主角是一位发了疯的流亡作家；《牙科医生》的主人公是一位残留着文学艺术梦的牙医。

尽管波拉尼奥的长篇小说（如《2666》）常被列入后现代小说之列，但他的短篇小说读起来往往让人感觉不到什么“技巧”的运用，甚至在文字味道方面几乎不像当代小说。不妨做个对比，美国作家唐·德里罗会使用这样的句子：“他们来了，列队走进美国的阳光之中。他们两人一组——永恒不变的男女搭配——从甬道通过围栏，进入场地中心靠左的位置。”（《毛二世》）；萨曼·拉什迪会使用这样的句子：“吉百利这个五音不全的独唱家，一边唱着即兴的加萨尔短歌，一边在阳光中翻滚嬉戏，在天空中游泳，蝶式，蛙式，蜷缩身体成一个球……”（《撒旦诗篇》，*The Satanic Verses*）；托马斯·品钦会使用这样的句子：“本来，海盗觉得自己与英国美妙生活和光滑小腿之间不吝于天地相隔，只能徒然幻想，不料黑白分明的斯科皮娅竟使这些幻想神奇地化为真实。”（《万有引力之虹》）。而到了波拉尼奥这里，我们经常读到的却是这样简单的句子：“情况是这样的：B和B父去阿卡普尔科度假。一大早，清晨六点，父子俩就要出发。”（《地球上最后的夜晚》），或者：“这个故事发生在不久前的法国，时间是在第二次世界大战中和战后不久。”（《亨利·西蒙·勒普兰斯》）。

一位更愿意自称为诗人的作家在他写小说时却尽量回避诗化的语言、回归最平实的句子，这显然是一种风格上的选择。阅读小说其实就像听一个人讲故事，而叙事风格对应的就是这个讲故事者的腔调和气质。在我们的阅读经验中，有的小说读起来像一个浓妆重彩的人站在打着聚光灯的舞台上高声朗诵；有的小说读起来像一位急于倾吐隐秘心声的信徒面对一位牧师进行一场深挖自我灵魂的忏悔；有的小说读起来像一个自鸣得意的人兴致勃勃甚至手舞足蹈地吹嘘自己的经历；有的小说读起来像一个笨嘴拙舌的求爱者学着别人的样子使用陈词滥调对你表达爱意；有的小说读起来像国家电视台的播音员报新闻；有的小说读起来像犯了错误的学生念检查。而阅读波拉尼奥短篇小说的感觉大致是这样的：

在一个街上笼罩着薄雾的夜里，你坐在一个空荡昏暗但灯光柔暖的酒吧或者咖啡馆里听桌子对面一位多年不见的朋友讲故事。你的这位朋友游荡四方，阅历甚广，他讲起故事来语速不紧不慢，嗓音略微沙哑但声音十分柔和，不难看出，这位朋友年龄已是中年，经历过一些大起大落，所以也没有什么故事会让他激动到改变语速和语调的地步（最多也就让你隔着桌子看到他眼镜片后面闪过一道不易觉察的光）。你发现自己沉浸到他的故事当中，因为这些故事经常会很精彩，也因为他讲故事的语调让你感觉到一种莫名的舒服。不知不觉这个夜晚就这样过去了。当黎明临近的时候，你的朋友消失在晨雾弥漫的街角，你们从此再也没有见过面。

这样的故事没有结局

如果不出意外，《邪恶的秘密》（英译本书名：*The Secret of Evil*，目前尚无中译本）应该是罗贝托·波拉尼奥的最后一本短篇小说集。虽然这位智利作家已经去世将近十年，但自《荒野侦探》和《2666》出版以来，他的声名却一直高涨不衰，其“新作”的译本也一本接一本地面市，至今尚未中断。《邪恶的秘密》是一本薄薄的小书，英译本于二〇一二年在美国出版。在此之前，波拉尼奥短篇集的英译本该出的大概都已经出过了，而此书收集的内容来源于作者死后在电脑上留下来的遗稿，共计十九篇作品，在内容和风格上都不太统一，它们的共同特点是：大部分都没有写完。

“这个故事很简单，虽然本来也可以很复杂。而且，它残缺不全，因为这样的故事是没有结局的。”这是短篇小说《邪恶的秘密》的开头。作者写下这句话也许是在暗示：他笔下的这些故事也许本来就没打算写完。可是，即使有这样的交代，读者也很难相信这篇小说是一个完整的作品：一位住在巴黎的记者在凌晨四点被一个陌生人的电话叫醒，约他在塞纳河的一座桥上见面。记者赴约，见到了那个“脸色苍白”的神秘的陌生人，当两人走进一间酒吧坐下来以后，故事就结束了。

小说《达妮埃拉》的篇幅更短，仅有几百字、一个段落，内容是一位自称“宇宙公民”的阿根廷老妇人对少年往事的回忆，提及自己十三岁时失去童贞的经历，但很快便戛然而止。而在本书最后一篇小说《混乱之日》中，作家阿图罗·贝拉诺得知自己十五岁的儿子于柏林失踪，但除此之外并无下文。

我个人感觉以上这几篇（除此之外还有另外几篇）都是没有写完的小说。也许这些小说还没来得及写完作者就去世了；也许作者写下了这几篇的开头之后却感觉写不下去了（这种经验我本人常有），于是就把它们暂时搁置在那里。

然而这本书中还有几篇小说，它们读起来同样不完整，但我们很难确定它们究竟是一篇未完成之作，还是一篇无结局的完整作品。《隔壁的房间》同样是一篇篇幅很短的小说，前半部分讲的是叙事者参加了一次“疯子的聚会”，被一个陌生人无端地用一把手枪抵住了头，他下意识地闭上了眼睛。此后叙事者忽然开始讲述另外一件和上文没有关系的事情：“当我二十出头、还是一个敏感的年轻人的时候，有一天夜里，我在危地马拉的一家旅馆里听到隔壁有两个男人在交谈。”其中一个提到自己杀死了一个女人……然后故事就结束了，而小说前半部分出现的那支手枪应该仍然悬在空中，根本没有再被提起。我

ROBERTO BOLANO
THE SECRET OF EVIL

很喜欢这篇怪异的小说。正因为作者决定不去交代它的结局，读者对这一情节的记忆便被定格在那个瞬间，当时的悬念和紧张感便一直无法消解，于是那个瞬间因此获得了某种永恒。

另一篇小说《罪恶》以一种简洁冰冷的语气描述了一位女记者在撰写一篇犯罪新闻时产生的恐惧心理。故事发生在深夜，空荡的办公楼里出现了一个自称推销员的男子，本来就有些恐惧的女记者开始和这个身份可疑的陌生人谈论新闻中的那个凶手，同时暗自确信这个陌生人正是一名杀人犯。故事在两个人的交谈中突然结束，我们不知道接下去到底发生了什么，以及那个“推销员”到底是不是危险人物。于是萦绕在小说里的那种不祥的气氛便一直无法散去，永久地留在了书页之间。

必须指出：这本小说集里至少还是有几篇完整作品的。小说《迷宫》写的是八位法国知识分子坐在一家咖啡馆里拍摄的一张照片。作者先是以一种少见的精细笔触一个接一个地描述了这八个人的身份、相貌和在照片中的着装，接下来作者开始想象照片中每个人的生活，并带领读者跟随他们游走于巴黎的大街小巷，最终让读者发现“这些男人和女人之间有着千丝万缕般的联系”。这篇小说的叙事方式与书中其他小说有所不同，不再是那种文字随意、不加雕琢的语言风格，写得冷静、细腻而精致，隐约可以看出些法国新小说的影子。

与这篇文人气质浓厚的小说风格完全不同的是另一篇题为《上校之子》的小说：“说来你可能不信，昨天夜里四点钟左右，我在电视上看到一部电影……我他妈被吓得屁滚尿流，险些从椅子上跌下来。”而这篇小说的全部内容就是讲述这部吸血鬼恐怖片的情节，大概可以被认为是在向低俗小说致敬。

《邪恶的秘密》是一本非常特别的小说集。比起作者的另外几本短篇集，这本书里小说篇幅更短，风格变化更多，写得也更为自由。因为其中很多作品没有写完，这本书不免让人感到某种不完整、不完美的遗憾，但也正是因为这些小说的“不完整”，读者获得了一种特别的阅读体验——没有答案的谜语、没有结果的悬念、永久定格的场景、无法消解的气氛。这些成品和半成品是否能够代表波拉尼奥的最高水平？应该不能。对于没有读过波拉尼奥小说的读者，这本书是否可以作为推荐的首选？应该不行。但是对于真正喜欢这位作家的读者来说，《邪恶的秘密》无疑是一份让人喜悦的礼物。翻阅这些小说，我们仿佛可以看见一个已经不再属于这个世界的作家，他在离去之前向我们露出微笑，还挤了挤眼睛。

大卫·福斯特·华莱士的长篇处女作

有时候我把自己写的小说拿给别人看，收到的反应常常是："你是个技术型的。"这话其实没错，我无论写小说还是读小说都对技术层面的东西特别感兴趣。当我读小说时，我特别喜欢那些风格新颖怪异、具有探索性、"玩弄技巧"的东西。在这方面，最近有一部英文小说让我大开眼界——大卫·福斯特·华莱士的《系统之帚》(*The Broom of the System*)。

华莱士是一位美国新生代作家，一九六二年生人，最著名的作品是一九九六年出版的《无尽的玩笑》(*Infinite Jest*)，那本小说厚达千页，英文精装本形似砖头，让人望而却步。于是，我决定先读作者的早期作品、这本四百多页的《系统之帚》。

这部风格诡异、技巧圆熟、文字变化多端的小说是作者的长篇处女作，写这篇小说时华莱士才二十四岁。小说的主人公丽诺尔是一个二十四岁的女孩，虽然家庭富有，却选择了在某个出版社做接线员的工作，后来成了老板（本书男主人公）的女朋友。她的曾祖母是一位崇拜维特根斯坦的哲学爱好者，长期住在养老院里，经常给她灌输玄妙的哲学思想。有一天，这位食宿不能自理的老人突然连同其他二十多个老年人一起从养老院神秘地失踪，而当天主人公家里饲养的一只宠物鹦鹉忽然开口大段地讲话……

这本书中虽然有很多悬念，但其结构十分松散，作者的叙事目的似乎并不是为了解开这些悬念，而是描绘各种人的生存状态。主人公丽诺尔有心理问题，定期去看心理医生，他的男朋友（一位中年知识分子）心理问题更加严重，以至于最终难以自拔。书中的人物刻画有些是近乎卡通地夸张，比如：一个胖商人减肥失败后开始憎恨世界，他决定把自己的身躯吃成无限大，这样就可以占据整个世界。

书中的故事虽然发生在美国俄亥俄州的小城克利夫兰，但华莱士给笔下的这个城市植入了大胆虚构和对现实的扭曲。作者虚构了一个历史事件：州长下令在小城边上建造一片巨大无比的人工沙漠，由无数外地运来的黑色的沙子堆积而成，这个宏伟计划的目的只是为了给当地人提供一处享受流浪、体会荒芜的去处。

在小说结构方面，《系统之帚》使用了大量的“叙事嵌套”。男主人公是一位文学杂志的主编，他常把收到的小说投稿中的一些稀奇古怪的故事拿来讲给女主人公听。这些半荒诞的故事穿插在小说的叙事当中，以口语的形式呈现，其中有几个非常荒诞有趣。此外，这本小说中还融入了心理治疗谈话记录、政府会议笔录，以及男主人公写的一篇短篇小说的全文。

The
BROOM
of the
SYSTEM
DAVID FOSTER WALLACE

小说《系统之帚》最让我钦佩的是华莱士的文字功力。在这部书中，作者变换了多种不同的语言风格，其中有一部分是典型的文学语言，甚至是故意夸张的文风，比如下面这段：

> 假设十年以前，有人在斯卡戴尔或是一辆通勤列车上对我说起这件事；假设讲话的人是我的隔壁邻居瑞克斯·麦特尔曼——一位拥有一个身材波涛起伏的女儿的公司会计师；假设那时候他还没有染上深度的"草坪躁狂症"，还没有不能自拔于在每天夜里驾驶着那架闪亮的除草机如履行军事任务一般反复地修整草坪，那些海量的滴滴涕药水还没有每周定期从天而降、去搜寻草坪中哪怕仅存的一个小虫的巢穴，而他对邻居们那些合理的而且最初颇为客气的请求还没有表现出那么完全地置若罔闻……

在人物对话方面，大概是为了达到某种特殊效果，华莱士有时喜欢安排笔下人物使用非常书面化、类似于十九世纪英国绅士的那种拐弯抹角、文绉绉的语言（很明显，当代人很少使用这种腔调）；与此同时，另一些人物则使用市井气十足的当代美国口语。

这部小说中有一些章节完全由对话组成，没有任何描述性的文字，作者甚至不去说明对话者到底是谁（读者往往可以从对话内容中推测出来）。例如下面这段：

“今晚的牛排怎么样？”

“我们的牛排，先生，如果要我说的话，很简单——一流。牛肉都经过精挑细选、仔细切割、腌制入味，最后被烹调至最佳状态——什么是最佳状态要由您来指示。可供选择的配菜有马铃薯、青菜和非常可口的甜点。”

“听起来妙极了。”

“是的。”

“我要九份。”

“不好意思？”

“请给我上九份牛排。”

“您想点九份牛排晚餐？”

“是的。”

“可是，这些牛排——我能不能问一句——是给谁吃呢？”

“你看我身边还有别人吗？我一个人吃。”

大卫·福斯特·华莱士无疑是位才子型的作家，他通晓各种风格的文学语言和不同的叙事方式，同时具有丰富的想象力、幽默感以及离经叛道的精神。《系统之帚》是作者的游乐场，华莱士无拘无束地挥洒才情，兴致勃勃地玩弄文字、玩弄语言、玩弄技巧，这种写作的乐趣给读者带来了阅读的乐趣。而且，华莱士写这本书时年仅二十四岁，真是让人佩服。

一位抱负不凡却最终放弃的“文学武士”

二〇〇八年九月十二日夜晚，美国作家大卫·福斯特·华莱士的妻子凯伦回到家中，发现她的丈夫以自缢的方式结束了自己的生命。华莱士当时四十六岁，曾是少年网球健将，精通数学和哲学，形象介于电脑黑客和摇滚乐手之间，他曾深陷毒瘾，长期以来一直被抑郁症折磨。他的小说古怪、新奇，因实验色彩浓厚常被冠以“后现代”头衔，其代表作《无尽的玩笑》曾被美国《时代》周刊列为百部最佳英文小说之一。华莱士的文字极其风格化，时而幽默得令人捧腹，也时而冗长乏味得让人读不进去。

华莱士自杀的当晚，他的妻子在他工作室的桌上发现了一沓摆放整齐的小说打印稿，同时留下的还有大量的笔记、手写稿和存盘文件。这些遗物属于一部尚未完成的小说。华莱士的文学编辑将这些手稿和文件最终整理成一本五百四十页、分成五十个章节的长篇小说，于二〇一一年四月出版了英文版，书名叫做《苍白的帝王》（*The Pale King*）。

评论界一般认为华莱士的上一部长篇作品《无尽的玩笑》展示的是一种“娱乐至死”的状态，而《苍白的帝王》则走向另一个极端，写的是单调和乏味。小说的故事发生于美国国家税务局的一个地方办事处，主人公是一群不得不每天面对大量税务表格、工作极其无趣的税务会计。小说第二十五章大概最能表现这种单调的工作状态：

> 克里斯·弗格尔（绰号“不靠谱”）翻过一页纸。霍华德·卡德韦尔翻过一页纸。肯·威克斯翻过一页纸。麦特·雷德哥特翻过一页纸。布鲁斯·钱宁（外号“潮哥”）把一张表格和一份文件钉在一起。安妮·威廉斯翻过一页纸。阿纳德·辛格不小心一次翻过两页纸，于是他把其中一页翻了回去，发出一种稍微不同的声响。大卫·卡斯柯翻过一页纸……

用整整一章的笔墨重复描写这种单调的“翻页”动作，这种事大概只有大卫·福斯特·华莱士才干得出来。

在整理这部译稿的过程中，编辑发现华莱士写下的只是一些支离破碎的章节和片段。虽然可以基本肯定哪些章节是小说的开头部分，但后面的内容则显得十分凌乱，没有清晰的故事主线，需要编辑去决定如何排列这些章节的顺序。可以想象，一部描写单调乏味生活状态的小说读起来很可能十分令人乏

“好的小说，它们的任务就是让不安的人感到安慰，让安逸的人感到不安。”

味，然而书中颇有一些怪诞有趣的情节和人物。这部小说写到一位会计师，拥有一种特异功能，可以“透视”事物背后的琐碎数据（如：电影院邻座的陌生人曾在一九七一年十月的一个雨天和他同时坐车经过某条高速公路，当时他们之间隔着另外十五辆车）；书中另有一个人物从小到大被出汗这件事困扰，一出汗浑身就会湿得像落汤鸡，而害怕在公众场合出汗这件事又会引发他出更多的汗；小说第三十六章出现了一个男孩，从小自发练习某种“柔术”，目的是“让自己的嘴唇可以接触到自己身体的任何一个部位”；小说第四十五章写到一位女会计师，小时候曾依靠可以长时间不眨眼的功夫在歹徒面前装死，得以逃过一场大难，至今她和别人对视时仍让人感觉“她在看着你的眼睛，但似乎并没有看见你的眼睛”。

很多评论家认为大卫·福斯特·华莱士的写作风格属于“极繁主义”(*Maximalism*)。和《无尽的玩笑》一样，《苍白的帝王》中经常出现长达几页纸、叙事近乎“絮絮叨叨”的长篇段落。华莱士还喜欢在小说中如撰写学术著作一般加入大量注脚，而注脚中的文字其实也是小说的一部分（据说此举的目的是为了打破传统阅读的线性模式）。在语言风格方面，我一直感觉华莱士的所有文字似乎都是某种程度上的戏仿文字：有时他会使用创意写作班毕业生式的“正统”现实主义语言循规蹈矩地写完一个章节；有时他会使用一种商业合同书式的繁琐复杂、毫无感情色彩、近乎机械的语言来讲故事；有时他会使用彻头彻尾的口语——这位作家经常喜欢让整整一个章节只出现对话（全部是引号内的直接引语），而且并不交代每句话出自谁人之口，于是读者有时需要开动脑筋自行判断，尤其是当三个以上的人物同时讲话的时候。大卫·福斯特·华莱士在语言风格上的趣味和追求可以说是怪异而独一无二的，读者的反映难免会两极化：或者你非常喜欢，或者你根本读不进去。

《苍白的帝王》是一部有头无尾的小说。作者把我们带到某处，让我们认识了一些人物，交代了他们的背景，但除此之外并没有太多事情发生。事实上我怀疑华莱士本人直至离世可能也并没有想好故事接下去将如何发展。他的写作方式很可能就是随性地写一个一个的片段，每个片段关注某个特定人物或场景，这样逐步积累，希望最后把这些素材汇聚成一部伟大的小说。这是一次野心勃勃的创作，因为它的主题以前很少有人问津。但这个主题无疑是一个非常困难的主题。这部小说仿佛让我看见一个武士围绕着一座关闭的城池反复徘徊，想要破开一道豁口攻打进去，他尝试了各种招式、花了大把精力，旁观者见证了此人的抱负是如此不凡、他的技艺又是如此诡异超群。但遗憾的是，他最终没有杀进去。更让人悲哀的是，有一天，他以一种最为极端的方式结束了自己的尝试。

大卫·福斯特·华莱士写小说较少抒情，他倾向于将感情色彩从叙事语言中剥离出去。他的小说很多读起来充满荒诞幽默色彩，笔下经常出现的是形象夸张、近乎漫画式的人物。然而在这些处于各种困境、时常引人发笑的人物背后，在作者天马行空、时而看似炫技的文字背后，隐藏着某种巨大的、挥之不去的悲凉。华莱士曾在一次访谈中谈到：

> 有一位我很喜欢的老师曾经说过：好的小说，它们的任务就是让不安的人感到安慰，让安逸的人感到不安。我想，严肃小说的主要目的之一就是为读者——那些和我们所有人一样被孤独地放逐在自己脑壳里的人——提供一种能够接近其他自我的想象通道。作为人类的一员，忍受痛苦折磨是我们活在这个世上无法逃脱的一项内容，所以我们欣赏艺术作品的主要原因之一就是体验痛苦，当然，那是一种可以感同身受、作为替代经验的“具有普遍性”的痛苦。在真实世界里我们永远都是独自受苦，我们无法真正彻头彻尾地体验他人的痛苦。但是，假如我们读了一篇小说，而这篇小说让我们对书中虚构人物的痛苦产生了某种共鸣，那么，这种经验可能会坚固我们的信念：别人也会对我的痛苦产生共鸣。这种体验具有滋养和救赎的效果，我们内心深处的孤独因此而减轻。道理可能就是这么简单。

说到根本，华莱士的所有小说写的应该都是这种痛苦。这位早逝的天才作家还曾经说过：小说的作用，就是告诉读者，身为人这种动物，到底是他妈的一种什么滋味儿。

文字背后的幽灵

在英语里，ghostwriter 一词由“幽灵”（ghost）和“作家”（writer）二词拼合而成，指的是那些替别人捉刀代笔的作家（即所谓“枪手”）。《幽灵代笔》（*Ghostwritten*）是英国作家大卫·米切尔写的一部小说，书名如果直译，应为“代笔之作”。这部小说的特别之处在于：书中不但出现了代笔作家，而且真的出现了幽灵。

此书为大卫·米切尔的第一部长篇小说，出版时作者三十岁。一般来说，青年作家的处女作大多带有自传色彩，风格大多为现实主义，故事大多聚焦于个人感情或家庭问题。米切尔却没有将视线局限于个人经验，相反，他把镜头极度拉远，让读者仿佛置身于高空，于是，几乎整个地球都被收入视野之中。《幽灵代笔》由十个章节组成，讲了九个相对独立的故事（最后一章重返第一个故事），分别发生在：冲绳、东京、香港、四川、蒙古、彼得堡、伦敦、爱尔兰的克里尔岛和美国纽约。每个故事有不同的主人公，这些人物（严格说来他们当中有些并不是“人”）彼此大多并不相识或仅仅曾经擦肩而过，但读罢此书，读者会发现他们的命运之间有着千丝万缕的微妙联系。

小说第一章的故事发生在冲绳，主人公是某个日本邪教的忠实成员，此人刚刚完成在东京地铁站释放毒气的任务，受命来到偏远的冲绳岛躲避风声。不难看出，这个故事取材于一九九五年日本“奥姆真理教”制造的“东京地铁毒气事件”。米切尔使用第一人称的叙事方式，让读者能够直接阅读这个被邪教洗脑的恐怖分子的思维活动：他仇视人类，称大众为“不洁者”，他深信领袖“慧眼大人”法力通天，甚至可以化身为一只蜘蛛来向他发布命令。但电视里不断传来他的组织被警方围剿的消息，于是他陷入了信念危机，同时感到自身的安全正在受到威胁……

小说第二章的故事同样发生在日本，地点变成东京，主人公是一位身世复杂的日本少年，他在一家爵士乐唱片店打工，业余兼做萨克斯乐手。小说这一章是全书气氛最为愉悦的一段，甚至算得上一个爱情故事。这个故事和前一章并没有太多联系，但故事的转折点由一个偶然事件引起，而这个偶然事件和第一章中的人物有关。

阅读《幽灵代笔》的前两章，读者可能会想起另一位作家——村上春树。村上春树是大卫·米切尔喜欢的作家之一，这两个发生在日本的故事在文字感觉上颇有些村上的味道。尤其是在

第二章，三十多页的文字中出现了近三十位美国爵士乐手的名字，这种在小说里大量提及西方音乐的做法正是村上春树的招牌特色之一。而米切尔似乎无意回避自己在模仿村上这一事实，他甚至在小说这一章直接提到了这位日本作家的名字——一位身为出版人的顾客告诉主人公："村上最新翻译的菲茨杰拉德的短篇小说集，我们刚刚买下版权。"

小说进入第三章后，就再也见不到村上春树的影子了。这一章的故事发生在香港，主人公是一位就职于某金融机构的年轻英籍金融律师，此人暗中协助某跨国公司从事非法转移资金的活动，但他似乎很背运：他的行动受到了监察机构的注意，他和妻子一直生不出孩子，而家里又出现了闹鬼的征兆——这一切是不是和他的公寓风水不好有关？小说从这一章开始出现了幽灵。作者在此章使用了一些意识流的手法，整个故事发生在不到一天的时间，但叙事在当下和回忆之间来回跳跃，有时候需要读者自己理清时间顺序。当初读《幽灵代笔》的英文版时，第三章是我在文字风格上最喜欢的一章，米切尔的文字很"炫"，很"酷"，有一种跳动感和紧张感。这种文字风格上的特色在中译本中并没有（也许可以说，很难）完全呈现。

小说的第四章是一个有些让人意想不到的故事，这个故事发生在四川。在"圣山"（即峨眉山）脚下，住着一位常年在路边摆茶摊养活自己的老妇，故事从老人的少年时代讲起。军阀时期，她遭到当地将军之子的侮辱。中日战争爆发，她的茶舍被日本兵捣毁。抗战胜利，国民党来了，但"比日本人还凶"。

共产党来了，他们“很有礼貌，也很温和”，“全民都在公社食堂吃饭。吃东西不要钱”！不久村里搞起炼钢的砖窑，“炼出来的铁没得用”，山沟里遭了饥荒。红卫兵出现了，他们再次捣毁了茶舍。“四人帮”被粉碎了，当地官员宣称“旅游业是社会主义现代化的重要推动力”，并向老人强行征税；记者来采访，要报道她“七十年的社会主义企业家精神”……可以肯定，大卫·米切尔对中国近代史做过一番功课（很有可能还读过余华的《活着》）。

小说这一章文字风格回归淳朴，通过一位四川老妇的坎坷经历书写中国历史，虽然难以做到处处精准无误，但在整体把握上还是令人信服的（笔者当初阅读英文版时曾被这一章打动）。问题是，这种英国作家写的中国故事如果通过英文来读，能达到某种“陌生化”（Defamiliarization）的效果，反倒别有一番情趣，可是当这些文字被翻译成中文，就难免会在某些地方略显别扭。比如，一个没有读过书的四川老太太大概不会说出这样的句子：“我带着最深的悲哀醒来。”有趣的是，本书的译者在此章做了一个大胆的尝试——引入四川方言，于是我们会读到类似这样的句子：“我哪个晓得哎？他亲口给我说的。”“这些人从啥子地方来的呦？”可以看出，译者试图通过使用方言的方式增加文字的“中国味儿”，事实上这种译法也确实起到了增色作用。

小说进入第五章，读者又被带到另外一个陌生的国度——蒙古。这是一段似乎永不停歇的旅行——草原、蒙古包、破败

Ghostwritten
David Mitchell

的城镇、荒凉的公路、马、云朵、无名的山岭、帐篷里冒起的炊烟、不断拓宽的地平线。是谁在带着我们旅行？它并不是一个人，而是一个没有形状、没有性别、寄生于人类“宿主”的幽灵，它甚至没有名字——直到一位布宜诺斯艾利斯的作家宿主（博尔赫斯？）把它命名为“无形”（它还和这位作家“合写”过几篇小说——不折不扣的“幽灵代笔”）。在小说的这一章，我们这位幽灵主人公为了搞清自己的身世，游荡于蒙古草原，从一个宿主转移到另一个宿主，于是读者也随着它走进众多人物的头脑中，读取他们的思想……

这种有幽灵出场的情节可能会让某些读者（比如玄幻、灵异文学的爱好者）感到兴奋，但也可能让另外一部分读者（比如强调“严肃文学”纯洁性的读者）感觉不适。于是引出一个问题：所谓“通俗小说”和所谓“文学小说”的界限在哪里？也许可以举例说明：假如一位作家写一篇“一个人变成一只甲虫”的小说，如果他的目的仅仅是为了制造奇异的情节、满足读者的猎奇心理，而且他没什么文采，那么十有八九他的作品会被看作“通俗小说”；相反，假如“变形”只是一种情节上的手段，他的真正目的是想表现人的异化和精神痛苦，而且他写得淋漓尽致，那么他的小说就可能会和卡夫卡的《变形记》一样被看作“纯文学作品”。在《幽灵代笔》中，“无形”这个角色给作者提供了一种叙事上的便利——他可以随着这个幽灵更换“宿主”的过程不断变换被描写的人物对象，完成一种“群像”式的人物刻画，同时，幽灵试图搞清自己身世的欲望为小说增加了一种侦探小说式的悬念，而当谜底最终揭穿，读者会发现，作者真正想要写的，也许是蒙古的历史。

小说在下一章将故事的发生地点继续北移，读者来到“寒冷、多雨”的俄罗斯城市彼得堡，邂逅一位博物馆里的女主持。聆听这位女士夹杂着自恋和自得的喃喃絮语，我们不久便可以推断出：这位善于利用自己的姿色攀登社会阶梯的女主人公眼下正在参与一项危险的计划。本章仍采用第一人称叙事，米切尔改用一种略显华丽做作的文字风格来衬托主人公的个性（这种语言特色在英文版中更为明显），然而这个故事本身并无太多新意。

小说直到第七章才试图点题。这是一个发生在伦敦的故事，主人公正是一位替别人撰写回忆录的代笔作家。如果说本书前两章似乎在模仿村上春树，那么这一章就有可能是在向美国作家保罗·奥斯特致敬。主人公在一天当中连续遇到几起偶然事件，激起了他对于命运的偶然性的思考：“古怪。如果当时那把椅子没有倒，凯蒂也许就不会发神经把我赶走，那么我就不会在那一刻赶到这个地方救下这个女人。”事实上，“偶然性”也是贯穿整部小说的主题之一，这一主题曾被保罗·奥斯特反复书写。这一章中还穿插了一个某人“自己跟踪自己”的奇怪故事，这个故事的风格像博尔赫斯，但也和奥斯特《纽约三部曲》中的荒诞古怪故事在气质上有相似之处。也许是为了让这种联系更加明显，作者干脆把主人公业余参加的摇滚乐队命名为“偶然之音”，《偶然的音乐》（*The Music of Chance*）正是一本保罗·

奥斯特的小说的名字。

《幽灵代笔》的第八个故事发生在爱尔兰。本章可能是全书九个故事中最不成功的一个，讲的是一个“正义的科学家保卫自己的科研成果不被用于战争”的故事，这个主题本身就已不很新鲜，而本章的人物又显得扁平、苍白，对话写得啰嗦、无味。在语言风格上（英语版尤为明显），米切尔似乎在有意淡化文学色彩，转而模仿通俗科幻小说的语言，文字不再细腻、精致，句子显得生硬、机械。也许这是一种戏仿？除此之外似乎看不出本章有任何精彩之处。

但小说的第九章很好看。这个故事发生在美国纽约，地点是一家当地电台的演播室。据说米切尔在写本书时已经亲身去过所有前八个故事的发生地，却唯独还没去过美国，于是他故意把这个纽约故事局限在一间小小的演播室里。此外，他还给自己设置了另外一个限制——只写对话，不出现对话以外的任何描述性语言，读者需要靠自己来判断每句话的讲话者是谁。这种“百分之百对话”的写法其实并不是米切尔的独创，至少美国后现代作家威廉·加迪斯和大卫·福斯特·华莱士也都喜欢玩这种叙事把戏。这种写法要求作者能够通过对话的内容来交代清楚讲话者的身份，同时对话还要精彩、有趣。读者不难看出，米切尔试图在这一章写出“美国味儿”，而故事中那位电台 DJ 插科打诨、自作聪明的说话方式也确实很有美国味道。这个故事本身带有科幻色彩，时间跨度达好几年，其间第三次世界大战险些发生，故事中又出现了一个“非人”的角色，它自称“动物园管理员”，极有可能是小说前一章那位女科学家研制出的高科技“幽灵”。

在小说篇幅极短的最后一章，我们重返日本，来到东京地铁毒气事件的事发现场。这是本书第一个故事的序曲。小说在此结束。想要知道后事如何的读者是不是应该翻回本书的开头，把这部小说重读一遍？

《幽灵代笔》是一本经得起重读的小说。重读的乐趣之一就是在字里行间发现那些初次阅读时被忽略的细节和线索。这部小说并没有像侦探小说那样在结尾处揭开谜团，全书的九个故事、众多人物也并没有在结尾处拼贴出一幅严丝合缝的完美图画。本书需要读者自己去发现这些故事和人物之间的微妙联系——彼得堡博物馆里的阴谋是否和香港金融律师的意外有关？爱尔兰女科学家的发明和蒙古有什么关系？伦敦的代笔作家邂逅了哪几个其他章节里的人物？释放毒气的恐怖分子到底有没有在冲绳岛被俘？

这部小说在技巧上的成功胜过它在塑造人物等方面的成功。然而作为一部处女作来读，大卫·米切尔的写作技艺足以让人佩服：他似乎可以熟练地驾驭科幻、历史、奇幻、犯罪等多种小说类型，能够在不同的文字风格之间变换自如，这位作家显示了独创性和实验精神，他可以把文学小说写得像通俗小说一样吸引读者。

除了本书，米切尔还写过《九号梦》（*Number 9 Dream*）、《云图》(*Cloud Atlas*)和《绿野黑天鹅》(*Black Swan Green*)。《幽灵代笔》曾入围《卫报》处女作奖决选,《九号梦》和《云图》均入围布克奖决选。

《幽灵代笔》中的某个人物说过下面一段话:“我们全都认为自己控制自己的生活,但事实上,它们是被我们周围的力量预先代写的。”其实写作也是一样:当一位作家善于吸纳来自众多文学高手的功力,他的体内就会生活着众多的写作幽灵。当他下笔之时,这些幽灵就会时常显示神通、为其代笔,于是精彩的文字便会从他的笔下源源不断地流淌出来。

穿越时空的六重奏

什么样的小说可以算得上“高难度”小说？试想一下，有这么一本长篇小说：它的时间跨度超过一千年，它的故事分成六个部分，分别发生于一八五〇年、一九三一年、一九七五年、本世纪初、克隆人随处可见的明天以及人类大毁灭后的未来；每一部分的讲故事方式都不尽相同：有日记体、书信体，甚至采访记录体；各部分的文字风格全然迥异——从咬文嚼字的旧式文风，到简练直白的当代风格，直至味如嚼蜡的未来文字，读起来有的像文学小说，有的像通俗小说，有的像科幻小说；而这六个故事的讲述顺序又极为罕见——其中五个故事讲到一半即被中途搁置，而后又按照与原来相反的顺序被补充完整，于是这部小说呈现出 1-2-3-4-5-6-5-4-3-2-1 式的奇异结构……这样的一本小说，大概可以算得上“高难度”了吧。

这里所说的，就是英国作家大卫·米切尔的长篇小说《云图》。

大卫·米切尔生于一九六九年，今天应该仍属青年作家之

“我们全都认为自己控制自己的生活，但事实上，它们是被我们周围的力量预先代写的。”

列（《格兰塔》杂志二〇〇三年公布的“英国最佳青年小说家”名单中可以找到他的名字）。此人至今为止出版过四部小说：一九九九年的《幽灵代笔》由发生于世界各地的九个故事交织而成，结构复杂、文字风格变化多端；二〇〇一年出版的《九号梦》讲的是一个发生在日本的少年寻父的故事，这部小说把幻想和现实交织在一起，获得了布克奖的决选提名；《云图》出版于二〇〇四年，同样进入了布克奖的决选；二〇〇六年出版的《绿野黑天鹅》带有半自传性质，写的是一个小男孩在某个英国村庄的经历。

美国《时代》周刊曾于二〇〇七年将这位名气并不很大的作家收入“世界一百位最具影响力的人物”之列，并赞曰：“大卫·米切尔的精湛技艺吸引评论家们去把他与托马斯·品钦、大卫·福斯特·华莱士等富有革命性的当代作家相提并论，而他本人是在耕耘一片属于自己的独特田地，他吸收来自美国作家（如保罗·奥斯特）、英国作家（如马丁·阿米斯）和日本作家（如村上春树）的营养，培育出一批具有完全独创性的根基奇特的果实。”

我读米切尔的小说始于英文版的《幽灵代笔》，该书虽然也算得上“高难度”，但读起来并不吃力，而《云图》的英文版却让人望而却步——书中出现的古旧英文以及作者杜撰出来的“未来英文”足以给那些英语并非第一语言的读者（甚至应该包括部分讲英语的读者）造成阅读障碍。二〇〇九年《云图》的台湾版繁体中译本面市，于是终于借助这个译本读完了这部小说。可以想见，翻译这样的一本书绝非易事。

阅读《云图》就像经历一次奇异的旅行。翻开小说，在题为“亚当·尤恩的太平洋日记”的第一章，读者读到的是一份写于一八五〇年左右的日记手稿，作者是一位远赴南太平洋履行公务的美国公证人，名叫亚当·尤恩。在滞留查塔姆群岛期间，尤恩了解到关于当地原住民莫里奥里人的一些历史，得知这个喜好和平的族群曾受到来自毛利人和白人殖民者的双重奴役。此后尤恩乘坐的商船重新起航，他在海上搭救了一位偷渡的莫里奥里人。大帆船在浩瀚的太平洋上向美国驶去，小说的这一章节却突然结束，结尾竟然是一个不完整的句子（该书台湾译本的编辑曾专门撰文声明：小说第五一页并不存在印刷错误）。

小说这一部分对十九世纪太平洋殖民地岛屿的气氛塑造以及对航海旅行的描写都颇见功力。作者在本章有意模仿几个世纪前的旧式文风，使用了不少如今已不太常用的生僻字眼。米切尔曾经坦言：本章文字模仿的是麦尔维尔的《白鲸》，他从这部经典名著中收集了很多带有十九世纪特色的词汇，并把它们植入《云图》之中。遗憾的是，这种古旧文风在台版中译本中几乎没有表现出来。译者在翻译本章时也许可以仿效早期白话文的风格，多用一些半文言的词汇，以求达到“做旧”的效果。

当第一章的故事仍然悬在半空，小说却已经进入第二章。时间前进到一九三一年，主人公变成一位生不逢时、负债累累、想靠投机摆脱困境的青年音乐家。正如标题“寄自日德坚庄园的信”所示，本章完全由这位名叫佛比薛尔的英国青年寄给友人的书信组成。为了谋生，佛比薛尔主动投靠一位已经几乎丧失创作能力的年迈的音乐大师，充当他的音乐抄录员。随着两人的合作，主人公发现自己正逐渐变成给大师代笔的枪手。小说这一章节与前一章之间起初看不出有任何联系——直到主人公读到一本旧书，而那本书的内容正是第一章中的日记。

佛比薛尔也许是全书众多人物当中被塑造得最为丰满的一位。他的书信勾勒出一派欧洲庄园的风貌，文字时常直抵主人公的内心最深处，而且字里行间夹杂着许多音乐术语，造成一种奇特而优美的文字效果（小说这一部分的译文大概是六部分中最让人赏心悦目的）：

> 梦到我站在一家瓷器店里。从地板到天花板的一个个陈列架上堆满古董瓷器，只要我稍微移动一下，就有可能让几个掉在地上，摔成碎片。事情真的发生了，但是店里非但没有碎裂声，反倒响起一个庄严的和弦，半大提琴，半钢片琴，D 大调（?），持续四拍。我的手腕碰到一个明朝花瓶，花瓶从底座上翻落——降 E 调，所有弦乐器一起演奏，荣耀、超卓，天使也感动得落泪。

当小说进入第三章“半衰期——露薏莎·瑞伊秘案首部曲”，读者会开始习惯这种将一个故事讲到一半随即另起炉灶的叙事结构。这一章的故事发生在一九七五年的美国，主人公露薏莎是一位就职于某家八卦小报的记者。她偶然认识了一位名叫希克斯密的老科学家（眼光敏锐的读者会立刻发现：这位希克斯密正是小说前一章中那些信件的收信人，而在这一章，那些书信最终会被女主人公读到），通过这位老人，露薏莎了解到当地一家核电厂背后的黑幕。这位正直的记者决定调查这一事件，但接踵而来的种种阻挠却让她的生命安全受到威胁。

小说这一部分在情节上类似好莱坞的悬念、动作片（这里有幕后黑势力、无情的杀手、追车镜头和爆炸场面），在文字风格上则接近于美式通俗侦探小说和通俗罪案小说（仿的是雷蒙德·钱德勒和约翰·格里森姆？）。“纯文学”作者往往瞧不起通俗小说，可是，假如我们让创作“文学小说”的作家们去写通俗作品，并以能否吸引读者为标准来做评判，那么估计这些作家也未必个个能行。但是我们可以肯定，大卫·米切尔在这方面毫无问题。

作者在第三章结尾处故伎重演，让小说在一个生死关头戛然而止，然后把读者带入第四章——“提摩西·卡文迪西的恐怖经验”。故事发生在英国，时间大概是本世纪初。主人公卡文迪西是一个总是厄运缠身的老年出版人。为了躲避流氓的敲诈，他住进一家乡间疗养院，却发现这里简直像一个难以逃脱的地狱。这个故事到后来开始有些《飞越疯人院》的味道。它是如何与前一个故事发生联系的呢？是这样的：主人公读到了一份小说手稿，那部小说正是《半衰期——露薏莎·瑞伊秘案首部曲》。

小说第四章恢复了“纯文学”的语言风格——英国味儿十足、带有黑色幽默色彩的第一人称叙事（事实证明，大卫·米切尔更善于使用第一人称讲故事）。聆听这位背运、暴躁的主人公玩世不恭、骂骂咧咧的讲述，读者可能会想起另一位风格相近的英国作家——马丁·阿米斯。

读者在第四章的结尾（当然，这个故事至此同样只讲了一半）似乎可以嗅出一些“超现实”的味道，而当小说进入第五章（“宋咪－451的祈录”），读者会发现自己已经进入一篇彻头彻尾的科幻小说。这是一个对人类进行大规模克隆已经成为现实的未来世界。在这一章，我们读到的是一位不满于被“纯种人”奴役、试图发动叛乱的女性克隆人（名叫宋咪－451）在被执行死刑前的采访记录。在那个年代，品牌名称似乎已经取代了商品名称，电视机叫“索尼”，照相机叫“尼康”，而大批的“量产人”（即克隆人）被培训成侍者，在不见天日的地下餐厅为“纯种人”服务。在这一章，女主人公偶然观看了一部极老的“迪士尼”（即“电影”），它的片名就叫“提摩西·卡文迪西的恐怖经验”。

这个故事很容易让人想起赫胥黎的反乌托邦小说。小说这一部分完全由一问一答的采访记录构成，虽然这种叙事形式颇为新颖，但这些文字本身并无太多精彩之处。

小说第六章题为“史鲁沙渡口及之后的一切”，这一章是整部小说的“中轴”，也是唯一未被打断、从头至尾连续讲完的故事。故事发生在更加遥远的未来，人类经历了一场（因自身的贪婪而引起的）浩劫，文明已丧失殆尽，地球上只剩下一些侥幸存活的人群，他们的生活方式与早期的原始人并无二致。在这一章，克隆人宋咪成了某个部落的崇拜偶像，而载有她访谈内容的一个“祈录”（某种录影设备），恰好落入本章主人公的手中。

小说这一部分的叙事者是一位部落中的长者。作者为主人公“创造”了一种“未来原始人”的独特语言。以下为其中一段的英文原文：

> Old Georgie's path an' mine crossed more times'n I'm comfy mem'ryin', an' after I'm died, no sayin' what that fangy devil won't try an' do to me …

这段话在中译本中被译为：

> 老乔治底路及我底路交会的次数，比我能轻易回想起底还要多得多，而且在我死后，谁敢保证那只尖牙恶魔不会想对我……

不难看出，译者有意把“的”字换成“底”字，来表现这种语言的不同寻常。然而这种译法似乎还不足以表现原文的简陋粗鄙（反倒让人读出一些“五四”时期白话小说的味道）。我觉得，可以在译文中掺杂一些语法错误，加入一些错别字或近音字（比如用“四”代替“是”，用“偶”代替“我”），同时避免使用过于文绉绉的词语（如“交会”），这样也许更能还原原文的语言特色。

写至此处，《云图》中的六个故事都已介绍完毕，但是小说到这里只进行到一半多一点（准确地说，是完成了十一分之六）。在第六章结束后，作者让时光倒转，重新折回第五个故事，拾起讲至一半的克隆人宋咪的历险，并把那个故事讲完。随后，读者又被带回第四、第三、第二和第一个故事，依次目睹它们的结尾。

卡尔维诺在他著名的小说《如果在冬夜，一个旅人》中给读者展示了十篇风格不同的小说开头，但他并没有提供这十个故事的结局。大卫·米切尔的《云图》正是受了这部小说的启发。但米切尔并不想完全模仿卡尔维诺，他决定在小说中央竖起一面镜子，让那些被打断的故事按照它们的镜像顺序依次进行到底。于是阅读《云图》就像经历一场跨越千年的时间旅行，而机票是双程的，旅客到达最远处之后按原路返航，最终又回到了出发点。

在《云图》的第二个故事（“寄自日德坚庄园的信”）中，身为音乐家的主人公一度潜心创作一首名叫《云图六重奏》的乐曲——

一首“为重叠的独奏者所写的六重奏”：钢琴、单簧管、大提琴、长笛、双簧管及小提琴，每个乐器都用独特的调性、音阶及音色表现。在第一部分，每首独奏曲被下一首独奏曲打断；在第二部分，之前被打断的独奏曲再依序继续演奏下去。革命性的结构？或者只是要花招？

可以肯定，小说《云图》带给读者的绝不仅仅是一个设计精巧的叙事花招。这部小说是大卫·米切尔的个人独奏，但他却像一位精通多种乐器的演奏高手，能够让笔下的文字变幻出如钢琴、单簧管、大提琴、长笛、双簧管、小提琴一般完全不同的美妙音色（由于翻译的局限，作者文字风格的变化多端在台版中译本中表现得不甚明显）。同时，这位作家似乎可以轻松自如地让笔下的故事发生在地球上的任何一个角落：《幽灵代笔》中的九个段落发生于日本、中国香港、中国四川、蒙古、俄罗斯、英国和美国；《云图》中六个故事的发生地分别是新西兰、比利时、美国加州、英国、韩国和美国夏威夷。小说《云图》的历史跨度显示出作者可以在时间纵轴上轻松游走的能力：从奴隶制尚未完全废除的十九世纪直至人类文明毁灭后的未来——米切尔对历史的详熟和对未来的想象力都令人叹服。阅读这部横跨千年的小说，读者会在这六个故事中发现一些重复出现的主题：人类的贪婪、掠夺以及各种形式的奴役。这部小说足以触动人心、让人思考——这，可不是单靠耍耍花招就可以做得到的。

* 本篇引文引自《云图》，台湾商周文化事业股份有限公司二〇〇八年版。

叛逆男孩的“少年侃”

提起描写叛逆青少年的经典小说，很多人会想起J. D. 塞林格的《麦田里的守望者》(*The Catcher in the Rye*)。这本书于一九五一年在美国出版，今天依然畅销，每年能卖出大约二十五万本，至今累计销量已经超过六千五百万册。

《麦田里的守望者》一直是一本饱受争议的小说。一方面此书仍然受到当今青少年的喜爱，也被很多文学评论家视为当代美国文学经典；另一方面，对这部小说的斥责声一直不断，一度有很多美国学校把该书归为禁书之列。争议的焦点除了书中出现的“污言秽语”之外，还包括情节中涉及的青少年性行为、“对宗教的亵渎”、“对家庭伦理和传统道德的不敬”等等。书中的主人公身为高中生，却抽烟、喝酒、撒谎、放荡，几乎“五毒俱全”。

有人说《麦田里的守望者》是一本“危险的小说”。该书至少和三起凶杀案有间接的联系：一九八〇年，一名二十三岁的青年在纽约街头枪杀了歌星约翰·列侬，这个凶手是一个

“麦田迷”，在枪杀现场还随身带着这本书；一九八一年，一名二十五岁的青年行刺美国总统里根，警方在凶手的酒店房间内发现了一本《麦田里的守望者》；一九八九年，美国女演员丽贝卡·谢弗被一名“粉丝”枪杀身亡，凶手年仅十九岁，作案时身上也揣着一本《麦田里的守望者》。

可以肯定，塞林格写这部小说绝不是为了推崇暴力。小说的主人公霍尔顿·考尔菲德是一名十六岁的少年，出生于中产阶级家庭，在一所有名的大学预科学校读书。霍尔顿不喜欢学校，认为这里到处都是“假模假式”的伪君子。他不喜欢读书，结果因为四门功课不及格，在圣诞节前夕被学校开除（在此之前他已被其他学校开除过三次）。霍尔顿不想让父母过早知道这件事，于是想在学校里再待三天，等到假期开始时再回纽约的家。可是这天晚上他和同一个寝室的同学打了一架，感觉忍无可忍，于是当夜便收拾行囊离开学校。回到纽约后霍尔顿不敢回家，找了一个旅馆住下，开始了连续几天的飘荡生活。当晚他在酒吧里和几个来纽约旅游的姑娘搭讪，然后又鬼使神差地叫了一个妓女，却最终丧失了兴趣，付了钱把对方打发出门。没想到妓女和同伙又来上门敲诈，还把他揍了一顿。次日霍尔顿在城里游荡，还叫了一个以前约会过的女孩一起看戏，结果不欢而散。夜幕降临，他开始想念家里的小妹妹，于是在黑夜里潜入家中，和妹妹促膝聊天。为了躲过父母，他到一位老师家中投宿，却发现这位老师有变态之嫌，慌忙告辞，在车站过了一夜。翌日，霍尔顿决定远走他乡，去西部生活，写了个便条给妹妹和她告别，没想到小妹妹提着行李箱而来，想和他一起出走。霍尔顿因此放弃了原来的计划，和妹妹在动物园玩了一会儿，然后和她一起回了家。小说的结尾暗示霍尔顿接受了精神治疗，然后准备换个学校继续读书，重复以前的生活。

这部小说之所以名叫《麦田里的守望者》，是因为霍尔顿把一句“你要是在麦田里遇到了我”的诗误听为“你要是在麦田里捉到了我”，于是他对妹妹说：

> “我老是在想象，有那么一群小孩子在一大块麦田里做游戏。几千几万个小孩子，附近没有一个人——没有一个大人，我是说——除了我。我呢，就站在那混账的悬崖边。我的职务是在那儿守望，要是有哪个孩子往悬崖边奔来，我就把他捉住——我是说孩子们都在狂奔，也不知道自己是在往哪儿跑，我得从什么地方出来，把他们捉住。我整天就干这样的事。我只想当个麦田里的守望者。我知道这有点异想天开，可我真正喜欢干的就是这个。”[1]

这个“麦田和悬崖”的画面象征了年轻的主人公对世界的看法：成人世界充满肮脏和欺骗，就像一个深渊，而未被污染的儿童世界像一片麦田，纯洁而美好。可是人不得不长大，注定要从悬崖边跌入深渊——不难看出，一个“守望者”的角色是徒劳而充满悲剧色彩的。

在小说接近结尾处，塞林格又写下了另外一段具有象征性

“我喜欢写作。我热爱写作。但我写作只是为了我自己和我的愉悦。”

的文字。为了哄妹妹菲芘开心，霍尔顿带她去骑旋转木马——

> 骑在木马上的另外还有五六个孩子……所有的孩子都想攥住那只金圈儿，老菲芘也一样，我很怕她会从那只混账马上掉下来，可我什么也没说，什么也没做。孩子们的问题是，如果他们想伸手去攥金圈儿，你就得让他们攥去，最好什么也别说。他们要是摔下来，就让他们摔下来好了，可别说什么话去拦阻他们，那是不好的。〔2〕

深究起来，这段文字略显直露，但可以看出，塞林格想借此表现主人公在态度上的改变——成长无法阻拦，一个人总是要接触并不纯洁的社会，最终会从悬崖上掉下去，守望和阻拦并没有用。

《麦田里的守望者》之所以受读者欢迎、被评论家肯定，小说的语言特色也是一个重要原因。

英国作家戴维·洛奇在《小说的艺术》一书中把《麦田里的守望者》的叙事语言风格称为“少年侃”(Teenage Skaz)。“Skaz”一词源于俄国文学评论界，是指那种试图模仿日常口语风格的第一人称叙事方式。中文译者把这个词翻译成“侃”，倒也颇有意思。简单来说，“少年侃”就是指作者写小说时故意回避使用书面语言，在文字风格方面模仿青少年日常讲话的口气，给读者造成一种面对面听一个年轻人聊天的效果。在塞林格之前，马克·吐温是第一个使用这种技术的作家。正是因为在小说《哈克贝利·费恩历险记》中运用“少年侃”，马克·吐温让美国文学从英国和欧陆文学的传统中解放出来，具有革命性的意义。

如果你读过塞林格写的其他小说（尤其是英文版），比如《九故事》（*Nine Stories*），你会发现在那些小说里作者使用的是中规中矩的文学语言，比如这种句子：“二十分钟后，她们在起居室里已经快要喝光各自的第一杯威士忌酒了，此时她们正以一种独特的、也许是仅限于大学寝室室友之间的谈话方式在聊着天。”（《威格利大叔在康涅狄格州》）。相比之下，《麦田里的守望者》的叙事语言好像完全出自另一位作者之手，显得极其口语化、不加修饰、甚至“没文化”。下面是小说开头的一段：

> 要是你真想听，那你可能先想听我讲讲我是在哪儿生的、我小时候的那些倒霉事儿、还有我父母生我之前都是干什么的，反正就是那些大卫·科波菲尔式的瞎扯淡。可是说真的，我不想聊这些东西。首先，这些玩意儿太没劲了，而且，要是我父母知道了我说过他们那些私底下的事儿，他们肯定得跟我没完，他们在这方面比较神经过敏，尤其是我爸。他们人都挺好的——这我承认——可是他们都敏感得要死。而且，我也不准备他妈的把我的整个自传之类的玩意儿讲给你听。我就跟你说说去年圣诞节前后的那些疯事儿吧，打那以后我就基本上垮了，还得跑到这儿来休养。

这种叙事语气不但和主人公十六岁的年纪相符，而且体现了他叛逆和厌恶“假模假式”的性格特征。假如塞林格使用“文艺腔”来写这部小说，那么效果就会差很多。

初读这部小说时我一直好奇：塞林格写这本书的时候本人年龄多大？这种“小痞子”式的语气是他本人的说话方式，还是有意地“做”出来的呢？后来得知：塞林格生于一九一九年，他从一九四一年（二十二岁）时开始写《麦田里的守望者》，这本书最终写完、出版是在一九五一年（三十二岁）。此书完成之前，塞林格已经读过大学（不久即退学）、尝试过工作、赴欧洲参加过二战、结过婚、并已经发表过一些短篇小说（那些小说的叙事腔调都是传统、规规矩矩的）。由此可见，这本书中“十六岁少年侃”的叙事风格是一个经历丰富、谙熟小说技巧的成年作者有意选择、精心调制的结果。正如戴维·洛奇所说：“少年侃”式的阅读感受“只是一种幻想而已。作品本身实际上还是经过‘真正的’作者殚思竭虑创作出来的”。

塞林格从上世纪五十年代开始遁世隐居、拒绝露面。据说他一直在坚持写作。可以想象，一个老人，在一座远离人群的乡间房子里，面对打字机，仍然在守望着什么。二〇一〇年一月二十七日，九十一岁的塞林格静静地离开了人间。在世界各地，读者仍然会继续阅读那本薄薄的小说《麦田里的守望者》，继续坚持那种对纯净精神世界的守望。

* 〔1〕〔2〕引自《麦田里的守望者》，译林出版社一九九七年版。

关于J. D. 塞林格的只言片语

J. D. 塞林格去世了。听到这条新闻的那两天，我的脑子里反复出现一句话："冬天来了，中央公园湖里的那些鸭子都到哪里去了？"

*

这句话出自《麦田里的守望者》。十六岁的主人公霍尔顿·考尔菲德坐在纽约的一辆出租汽车上，问司机这个问题。司机回答他："他妈的我怎么知道？他妈的我怎么知道像这样的傻事？"

*

"冬天来了，中央公园湖里的那些鸭子都到哪里去了？"这应该是《麦田里的守望者》这本小说给我留下的印象最深的一个细节。那段关于悬崖和守望者的著名段落反倒没怎么触动我。

*

我读《麦田里的守望者》是近几年的事。我错过了读这本书的最佳年龄。我觉得这本书如果在青春期去读效果最佳。

*

我对塞林格印象最深的一本书不是《麦田》，而是《九故事》。我有一本此书的平装英文版，售价四点九九美元，一九九五年或一九九六年购于亚特兰大。《九故事》是我去美国后买的（除了课本之外的）第一本英文书。

*

《九故事》里让我印象最为深刻的一篇小说是 *A Perfect Day for Bananafish*（《香蕉鱼的好日子》）。在此书新版的中译本中这篇小说的名字被译为《逮香蕉鱼的最佳日子》。

*

最初我是在另外一篇小说里听说这篇小说的。那篇小说是马原写的《没住人的房子总归要住人》，在那篇小说里，一个男人在海边给一个女人讲了“香蕉鱼的好日子”这个故事。

*

《香蕉鱼的好日子》可能是我所读过的所有短篇小说之中

让我印象最为深刻的几篇之一。

*

这篇小说的魅力之一在于它总是让人感觉没有完全读懂、无法完全解释清楚，于是这篇小说在你的脑子里扎根，挥之不去。

*

还有，这篇小说和《九故事》里其他几篇我喜欢的短篇小说一样，骨子里藏着一种莫名而迷人、足以触动像我这样的读者的情绪——

*

哀伤。

*

“冬天来了，中央公园湖里的那些鸭子都到哪里去了？”这句话也有这种效果。

*

《九故事》里的另外一篇小说《威格利大叔在康涅狄格州》也有这种效果。

*

《九故事》里的小说其实有几篇是很怪的。但是塞林格把效果做得非常好。他总是先不惜笔墨地描绘世俗的场景、世俗的对话，让你感觉像现实主义小说那样非常现实，然后，不知不觉地，奇怪的东西出来了，于是，你感觉这种奇怪的东西非常真实。

*

塞林格是写对话的高手。尤其如果你读英文版，你会发现他的美式口语对话写得非常棒。

*

而塞林格又尤其擅长写未成年人的对话。未成年人的对话经常是没有逻辑、前言不搭后语、思路奇特的。塞林格在捕捉这些特点方面绝对是位高手。

*

塞林格最乐于书写的大概就是未成年人。

*

塞林格隐居后一度喜欢结交当地的少年——直到其中一位中学生借给校报写稿之名采访塞林格，最终却把文章发表在州报上，结果，塞林格在家门口建起了一道高墙，断绝了和镇上少年人的往来。

*

塞林格生于冬天，死于冬天。

*

在冬天，中央公园湖里的那些鸭子都到哪儿去了？

慢放与冥想

纽约现代艺术博物馆曾于二〇〇六年展出过一幅影像艺术作品，题为《二十四小时惊魂记》，作者道格拉斯·戈登把希区柯克的经典恐怖电影《惊魂记》去掉声音，以极慢的速度重新播放，看完整部片子需要花上二十四个小时。可以想象，这种实验色彩很浓的作品会吸引一部分观众，但也会让不少人感觉一头雾水。当时美国小说家唐·德里罗也在参观者之列，这件作品显然吸引了他，这位作家不仅反复观摩了三次，还由此产生灵感，写了一部名叫《欧米伽点》(*Point Omega*) 的长篇小说。

德里罗的这部小说与包括《二十四小时惊魂记》在内的许多前卫艺术作品有不少相似之处，其中之一就是：读者读完这本书之后很可能会感觉一头雾水、莫名其妙。

唐·德里罗已年过七旬。此人对于国内读者来说可能比较陌生，但在设有“当代美国文学”专业的大学里他的名字肯定会被教授在课堂上提起，特别是当讲到“当代美国后现代文学”

这一章的时候。这位作家已出版过十六本小说，其中最著名的作品包括一九八五年的《白噪音》和一九九七年的《地下世界》(*Underworld*)。

自厚达八百多页的《地下世界》出版之后，德里罗近年的小说大多为短小精悍之作。这本最新作品《欧米伽点》尽管排版字大行疏，也仅有薄薄的一百二十八页，应该算是“小长篇”。这部小说呈“三明治”结构：首尾两个短短的章节（标题分别为“匿名”和“匿名 2”）写的是一个无名男子在纽约现代艺术博物馆里反复观看《二十四小时惊魂记》的情形。夹在中间的部分为故事核心，涉及一个电影制片人（吉姆）邀请一位曾给美国政府担任战争顾问的老年学者（理查德·埃尔斯特）参与拍摄一部关于伊拉克战争的纪录片，而这部影片将“仅有一个人和一面墙”，从头到尾全部是埃尔斯特的独白。为了说服埃尔斯特参与此片，吉姆专程从纽约来到他位于加州沙漠中的别墅，一住就是几个星期。小说中很大篇幅由这两位主人公的谈话构成，几乎没有什么情节。后来埃尔斯特的女儿也从纽约来访，于是小说又开始描写这三个人之间的琐碎对话和日常生活，直至最后一起意外事件打破了这种平静。

《欧米伽点》和《二十四小时惊魂记》还有一点相似之处：德里罗在这部小说里故意放慢了叙事的节奏，仔细而耐心地描写人物的遐思冥想以及只言片语的对话。他们的周围是闷热而空旷的美国南部沙漠。主人公埃尔斯特选择来此地度假也是为了躲避城市的喧嚣：

“对我来说这件事（小说写作）的全部核心就是语言。”

> 他来这里吃饭、睡觉、出汗，在这里他什么事也不干，只是坐着、思考。这里除了这座房子之外只有远方，此外别无他物，没有景物和风光，只有远方。他之所以来这儿，他说，是为了停止说话。这里除了我之外，他没有其他讲话的对象。

然而两位主人公并没有停止交谈。事实上，不论是《白噪音》《毛二世》《大都会》（*Cosmopolis*），还是这本《欧米伽点》，德里罗小说里的人物总是乐于交谈，他们交谈时你一听便知他们是德里罗笔下的人物，因为这些人物的交谈方式十分特别、十分德里罗。你会感觉，这些人物的每一句对话仿佛都经过事先的精心排练和高度提纯，他们的谈吐总是显得那么睿智、犀利、哲思洋溢、不食人间烟火，他们常常沉溺于交谈之中，有时候他们像是在喃喃自语，有时候他们像是在直接与上帝对话。

于是我们的主人公谈到了“欧米伽点”（Omega Point）——这个由法国哲学家德日进神甫提出的概念。德日进认为：万物的不断进化、意识的不断累积会最终达到这个用希腊字母 Ω 来表示的临界点。在这部小说里，主人公埃尔斯特从不直接谈论他本人亲历过的包括伊拉克战争在内的真实事件，当他谈论战争，他更乐于谈论概念，谈论哲学，谈论“欧米伽点”。

小说《欧米伽点》的字里行间充满了概念、哲思、冥想以及玄妙高深的对话。在一部小说里填塞太多概念性的东西是危险的，即使这些概念性的东西本身富有启发性。我不敢说自己理解这部小说涉及的所有概念，也无法承认自己欣赏这种有些极端的写法，但有一点可以肯定：我并不讨厌这部小说。这本书的阅读快感大部分来自于德里罗的小说语言以及作者营造的独特气氛。

唐·德里罗是一位极其重视语言的小说家，他的文字洗练、绵密、空灵，闪烁着金属光泽，时常呈现出一种冰冷的华丽。他使用老式英文打字机写小说，有时候会在一张空白的纸上仅仅打出一个句子，然后再对这个句子修改、润色，直至完美。谈到小说写作，德里罗曾经说过："对我来说这件事的全部核心就是语言。"而他本人的文字风格确实已达到了很高的辨识度。《欧米伽点》也许算不上德里罗的最上乘之作，但读者至少可以借此书一窥这位作家的独特文风。

《欧米伽点》以美术馆开篇，又以美术馆结束，而这部小说的整体风格也会让人联想起美术馆：空旷、开阔的大厅，无人，无声，地板上几乎空无一物，四壁洁白，除了悬挂在墙上的几幅画作之外别无他物，而那几幅画全部是冷色调的抽象作品。你凝视它们，你可能发现自己根本就看不明白，可是，在这种美术馆的氛围里，你发现自己安静了下来，竟然能够沉浸其中，于是你忽然感觉是否看得懂那几幅画已经不再那么重要了。

当我谈《当我谈跑步时我谈些什么》时我谈些什么

看得出，村上春树非常喜欢美国作家雷蒙德·卡佛：他在写小说之余把卡佛的作品翻译成日文出版；而最近当他决定出版一本随笔集，这位日本作家也不忘用书名向卡佛致敬——这本回忆录式的随笔集被定名为《当我谈跑步时我谈些什么》(『走ることについて語るときに僕の語ること』)，而卡佛最著名的短篇小说之一就是《当我们谈论爱情时我们谈些什么》。从书名不难猜出，这本薄薄的小书与跑步有关，那么，在这本书中村上春树到底谈了些什么?

其实，他谈的大部分还是跑步。众所周知，村上春树是一位畅销书作家，在中国也拥有大量铁杆粉丝，但很多人不一定知道，这位年过六旬的作家从一九八二年起每天坚持跑步，而且多次参加马拉松长跑、甚至铁人三项赛。这本书正是村上春树对自己多年跑步经历的记录。

对于村上春树的小说，有些人着迷、有些人不屑。在“纯文学界”，好像公开夸赞这位作家的人并不太多。其原因不难理解，甚至可以找出一堆：此人是一位畅销书作家；此人一把年纪了还整天写一些青春期小男生的故事；此人身为日本作家，却追求洋味儿，在小说里不厌其烦地提及欧美乐队、外国商标、甚至西洋饮料；此人写的东西太过小资情调；此人小说中译本的语言为什么有一股嗲嗲的味道？所有这些加在一起，很容易让人产生一个印象：此人是一个有点儿“装”的作家。

事实是否果真如此？自从开始读村上春树的随笔，我基本否定了这种可能性。

我读过的第一本村上随笔集是《终究悲哀的外国语》(『やがて哀しき外国語』)，此书写的是作者旅居美国时的经历和感受。读那本书最强烈的印象可以概括为两个字——实在。一般人——尤其是作家、知识分子——写随笔，都喜欢干这么几件事：秀学问、抖机灵、掉书袋。而到了村上春树这里，他的非小说作品基本上没有太浓的知识分子气，文字直来直去，朴实得一塌糊涂。虽然当时生活在波士顿大学城的“高知”圈子里，虽然当时已有一定声誉，但村上并没有摆出一副文化精英的架势来指点江山、高谈阔论，他聊的基本都是平常事儿。一般人混到那个层次，可能写随笔的姿态会是一种“俯视”，而在那本书里，我感觉村上的姿态是“平视”，甚至偶尔还会“仰视”。

而在这本《谈跑步》中，村上春树的文字里呈现出的则是一种“内视”。这本书更像一个人的日记，而且，是一个普通

“我认为写作长篇小说是一种体力劳动。”

人的日记，好像是写给作者自己看的。读完这本书，村上春树这位作家的个人形象变得越发清晰：这是一个内向、腼腆、形象普通甚至略显木讷的日本人，此人内心并不复杂，但他敏感、想象力高超，这个人在生活中大概不善社交、甚至有些自闭。试想：写作这件事本身就是一个非常自闭的活儿——每天花大量的时间对着稿纸或键盘独坐桌前，而这个作家，在每天独自写作之余最大的爱好就是长时间的跑步——一项不须和他人接触、从头到尾独自完成的运动。你说，这人得自闭到什么程度？

我本人对长跑基本不感兴趣（我的运动方式是游泳），但我还是花几个小时看完了这本百分之九十的文字都是讲述长跑的书。我想，促使我读下去的动力是对于一个作家的兴趣。这本书中偶尔还是会谈到写作的，其中印象最深的一段是村上借用雷蒙德·钱德勒每天即使写不出东西也在书桌前坐几个小时的例子来说明：这种习惯对作家来说是一种必要的、强化集中力和耐力的训练，就像跑步者强化肌肉的做法一样，每天重复，“将这样的信息持续不断地传递给身体系统，让它牢牢地记住，再稍稍移动刻度、一点一点将极限值向上提升、注意不让身体发觉……给它刺激，持续，再给它刺激，持续”。

现在我越发觉得，村上春树作品中那些让人微言颇多的东西并不是这位作家为了迎合读者的刻意而为（小说的语言风格问题大概绝大部分是译者的责任），这位作家是一个很实在的人，可能这个人本来就是这种情调，而对于这种情调，别的作家也许会有意地回避（比如过了一定年龄就不再写小男孩儿的故事，以免惹人嘲笑），而村上春树则不管那么多，自己感兴趣的东西自己就写了。这其实是一种简单，也应该说是一种真诚。

倒是希望村上春树这次谈完跑步之后再写一本完全谈写作的书。很想听听，当村上春树谈文学的时候他会谈些什么。

打中部分人的心脏

读阿乙的小说，让我想起弗吉尼亚·伍尔夫对陀思妥耶夫斯基的评价：他的小说里有灵魂。（这位女作家说："灵魂是俄罗斯小说的主要特征，在陀思妥耶夫斯基的作品中更具深度、更有分量。"）阿乙的小说透着一股罕见的力量，当我试图追溯这种力量的来源，我发现我不得不借用伍尔夫用过的这个词：灵魂。

翻开这本名叫《鸟，看见我了》的小说集，扑面而来的是一些类似于通俗小说、法制文学的故事。全书十篇小说中有一半涉及杀人案，血腥场景比比皆是，其中有几篇的叙事结构基本采用了探案故事的形式。而这些故事几乎全部发生在边远的乡镇，出场人物是警察、妓女、落魄的小城教师、困居乡野的文艺青年、罪犯和疯子。我们先是被这些底层人物和他们的离奇故事所吸引，而当我们深入其中，就会渐渐发现，这些小说所提供的并不仅仅是对好奇心的满足，我们感觉到一些深层的、沉重的、宏大的、令人唏嘘、感动甚至震撼的东西不知不觉地包围了我们，于是我们身陷其中，隐隐感觉到某些位于内心底层的部位受到了触摸。

《巴赫》和《情人节爆炸案》可以说是两篇带有“欺骗”色彩的小说。《巴赫》写的是一位小城退休体育教师的失踪，通篇的叙事风格冷峻如新闻报道，整篇小说近四十页，读者直到读完前三十页可能也看不出这个故事除了猎奇之外还有什么其他意思，然而，小说在最后十页突然峰回路转，随着一段往事浮出水面，你会发现:原来这是一篇写人性压抑、写爱情的小说。《情人节爆炸案》更加“过火”，全篇近五十页，而读者一直要读到最后四页可能才会明白这篇小说写的到底是什么。

阿乙笔下的乡镇、小城以及生活在其中的人物有一种强烈的真实感。这种真实感在当下的国内文学作品和影视作品中当属少见。时下的中文小说中不乏“关注底层”的作品，但大部分作者似乎并没有找到或提炼出一种恰当的叙事“腔调”，他们的文字读起来不真实、不对劲儿、不好看。阿乙在这方面算得上一个异数，他的文字洗练、冷峻，该克制的地方能够克制，该喷薄的时候可以喷薄。这位作家的文风是一种有趣的混合体：有时是干净利落的白描式短句（如《鸟，看见我了》《两生》），从中能读出一些古代白话小说的底蕴，有时又是澎湃张扬的复句和长句（如《先知》），明显带有翻译小说的味道。

比较奇怪的是，这两种文风有时候会在同一篇小说中不按常理地混搭在一起。例如书中有一篇题为《隐士》的小说，前

“我觉得我的文字稍许能打中部分人的心脏。”

半部分描写乡间风物，文字风格基本是中式白描，后半部分是一个因失恋而发疯的乡下看山人的大段独白，而此人嘴里吐出的话竟然是翻译体式的，文字华丽繁复，几乎不像口语（“她以前的笑好像是在阴暗的冰地打开一朵灿烂的光，现在却是压着忧伤。”)。这种文风转换很可能被明眼人批评为一种缺陷。同样，明眼人会指出，在《意外杀人事件》中，小说从开头起一直采用“全知全能”的叙事视角，接连写了六个不同人物的故事和内心活动，可是，在接近结尾处，小说中忽然冒出来一个“我”，变成第一人称叙事了——这个 bug 难道不是十分明显吗？除此之外，这本书中很多小说的结构看起来近乎“畸形”：读完《巴赫》，可能一些读者会感觉中间那段长长的营救故事和真正的主题无关，完全没必要写得那么长；而在另外几篇小说里，作者会因为情节需要在中途非常“突兀”地引入一个次要人物，而当这个次要人物完成了他的使命之后，作者又会非常“突兀”地让这个人从此消失。而且，细心的读者不难发觉，这本书里有好几篇小说根本找不出“主要人物”——零零碎碎写了好几个人，但到底谁是这篇小说的主人公呢？

以上所有这些，在我看来，并不是一种“缺陷”，而是一种“风格”。小说本身一个重要的特征和功效就是“陌生化”，而达到陌生化的手段其实很多，奇异的语言、打破常规的结构也是其中之一。我喜欢不按常理出牌的作家。在我读这本小说集的时候，这些“怪异”之处其实加深了我对这位作者的兴趣，增添了这些作品的魅力。

然而，这本小说集最吸引我的并不是它的技术层面（事实上，书中有几篇小说存在着一些真正的问题：比如，作者有时在情节上过度依赖于巧合；《火星》《两生》这两篇有骨无肉，流于苍白；而有些小说读起来略显松散）。我感觉，阿乙的这些小说带有一种冲击力。这种冲击力并非迎面一拳、直刺一刀，它更像一只无形的暗手，在不知不觉中偷偷抓住你、掌控你，让你感到震颤。

阿乙的上一部小说集取名为《灰故事》，其实这个名字如果被用于这本书也十分合适。此书的十个故事无一例外，全是灰色的、带有悲剧色彩的故事。书中的人物绝大多数都是处于社会底层、被蹂躏、被扭曲、性格软弱窝囊的小人物。然而，作者刻画这些作为弱者的小人物，其目的并不是为了博取读者对他们的同情（事实上，他们当中很多人并不值得同情），我觉得，在这些小说中，作者想要向我们展示的是这些作为弱者的小人物在生命中某一瞬间所爆发的来自内心深处的强烈的能量。这种因长期扭曲而积聚起来的、来自于弱者的能量往往十分骇人，在《意外杀人事件》中这种能量通过连环杀人爆发；在《情人节谋杀案》中这种能量通过引爆炸药爆发；在《先知》和《隐士》中这种能量通过癫狂爆发；在《巴赫》中这种能量通过逃离爆发。这些爆发对于这些弱者改变自己的命运基本上无济于事（所以这些故事都是悲剧），但是，在这爆发的一瞬间，我们忽然看到了这些窝囊的弱者内心深处强大的力量，我们看到了他们的灵魂。

这种有灵魂的小说是有力量的小说。能够写出这种小说，大概需要作者具有足够的沉积、足够的情怀、足够的诚实、甚至足够的寂寞。作者阿乙为这本书撰写的前言出乎意料地让人感动（我很少被一本书的前言打动）。这位一度在边远乡镇做警察的年轻作家说他很长时间以来一直羞于承认自己是写作者，但他坚持在暗中写作，“就像《肖申克的救赎》，一半的生命是坐牢，一半是挖地道”。他说，“我仍旧走在黑夜里。我仍珍惜这黑暗，即使黎明迟迟不来。”他说，“我觉得我的文字稍许能打中部分人的心脏。”

我觉得这件事阿乙绝对做到了。

有些雨必将落下

一个星期以来一直阴雨连绵，雨滴在深夜无休止地敲打着玻璃窗。听着雨声读一本名叫《雨必将落下》（*Some Rain Must Fall*）的小说集，我隐隐感觉这本书散发着某种魔咒般的能量。

这是一本收集了十五篇短篇小说的作品集。如果不看介绍直接读下去，读者很容易误以为这是一本多位作者的合集，因为这些小说在风格（甚至质量）上很不统一。但事实上它们出自同一位作者。如果不看作者介绍，只读此书的前几篇，读者可能会猜测作者是一位女性；但如果把这些小说从后往前倒着读，几篇过后你可能会相信它们出自一位男性作家之手。

这本书的作者，米歇尔·法柏 (Michel Faber)，是一位生于荷兰、长在澳洲、目前定居于苏格兰高地的男性作家。《雨必将落下》是作者出版的第一本短篇小说集。此书的中译本于二〇一一年秋季悄无声息地出版，然后又几乎悄无声息地被大部分读者忽略掉了。

然而这是一本具有独特魅力的小说集。这种魅力在标题小说《雨必将落下》中就有足够的体现。这篇小说用极其简洁的语言描绘了几个并无大事发生的日常生活场景，但从一开始读者就能感到某种异样、某些不祥之兆。作者在讲这个故事时使用了这样的技巧：他在开篇就告诉读者很多秘密，比如女主人对同居男友的感觉是“我和这个男人的关系快完了”，然而在此同时他却故意隐去了很多看似必要的背景交代，比如女主人公从事的职业到底和普通老师有什么不同、是什么原因让她来接替原来的老师、为什么说她班上的孩子“日子还得继续下去”。于是读者不得不带着这些疑问读这篇小说，还得不时开动脑筋把字里行间流露出的信息片段拼凑完整。渐渐地，事情的来龙去脉开始明朗，小说的气氛也逐渐走向沉重。而这篇小说的标题从一开始就为这个故事的走向做好了铺垫，这个标题出自一首诗，原句为：“每个生命中，有些雨必将落下，有些日子注定要阴暗惨淡。”

作为一名男性作者，米歇尔·法柏在此书（主要是前半部分）的小说中展示了通常属于女性作家的细腻、敏感和神经质。小说《鱼》的风格介于童话和科幻小说之间，描绘了一幅带有世界末日气氛的奇异画面：一对母女生活在灾难洗劫后的城市，空中有“无数海洋生物在无声地游走”，“成群的梭鱼毫无征兆地从破碎的窗户进进出出”。这是一篇以画面感和想象力取胜的小说，然后作者同时又赋予了这个故事某种哀伤的感染力。小说《玩具故事》的主人公是“上帝”，他的房间里悬挂着从垃圾堆里捡来的一颗行星（应该是地球）："上帝跳起来站上椅子，把脸凑近悬吊着的星球。即使是在黑夜，他也能看见两极的白色、高速气流和云朵。当然，看不到那个对他低语的男孩。"小说《胖小姐和瘦小姐》则具有卡夫卡小说的气质："有两个年轻小姐同住在一间舒适的小房里"，某一天，其中一个忽然开始厌食，另一个则开始暴饮暴食，她们当中一个变成了瘦小姐，另一个变成了胖小姐，一个最终变得骨瘦如柴，另一个肥胖得行动不便。最后，她们在医院的病床上相逢……

米歇尔·法柏的不同寻常之处在于他能够变换多种写作风格。虽然敏感、细腻看来是这位作家的强项，但这并不妨碍他写出一些味道完全不同的小说。《五十万英镑和一个奇迹》是一篇以黑色幽默为基调的小说，写的是两个建筑工去修缮一座破旧的天主教堂，施工时圣母马利亚的雕像不慎坠毁，于是两人不得不用偷梁换柱的办法去架起一座新的雕像，整个过程有不少滑稽场面，但在小说结尾处作者又展示了某种"灵光一闪"的瞬间。小说《羊》是另一篇风格近似的作品：五位纽约艺术家应邀去参加"世界另类艺术中心"的艺术活动，当他们抵达预定地点——苏格兰高地后，却发现事情和他们的预想有很大出入。作者在这篇小说中加入了不少调侃当代艺术的文字，读来颇为诙谐有趣。

这本书中另有几篇小说在写法上走的是传统现实主义的路子，虽然这几篇足以证明作者会写传统小说，但它们也暴露了这位作家的软肋。《皮钦美语》是一篇关注社会底层的小说，

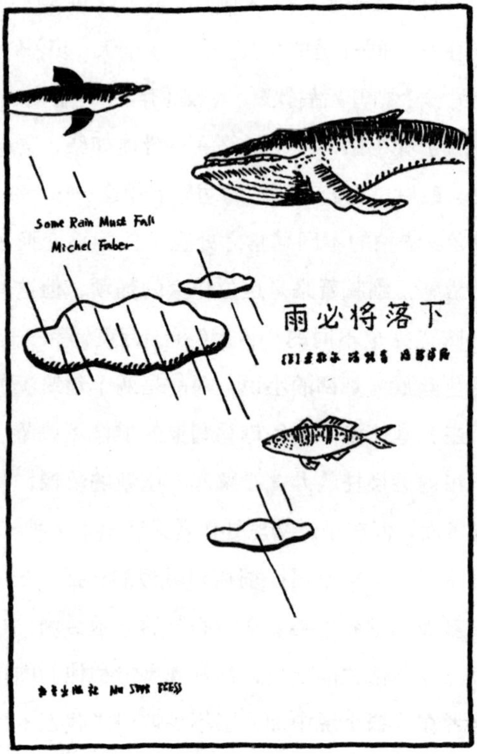
Some Rain Must Fall
Michel Faber
雨必将落下

写的是波兰移民在伦敦的生活，但叙事结构似乎更适合于中长篇小说，人物形象单薄，而且作者时常直接借书中人物之口讨论社会问题，属于不太高明的做法。《爱的隧道》讲的是一个很多读者会感兴趣的故事：一个失业的广告推销员在色情场所找了份工作，在那里遇到了一些边缘人物。这个故事写得也并不十分精彩，而且在情节设置上有些好莱坞的影子。《地狱外壳》写的是西方现代文明和原始文化之间的关系，但故事讲得有些拖沓乏味，也并无太多亮点。这几篇小说的共同缺点是过于冗长，人物、场景设置都不够精炼。

然而这并不影响这是一本精彩的短篇小说集。读《雨必将落下》偶尔会让我联想起另一本短篇小说集——伊恩·麦克尤恩的《最初的爱情，最后的仪式》。这两本书的共同特点包括：都是英国味儿的短篇小说，都是作者的第一本短篇小说集，它们的中译本在装帧设计方面都是“小清新”风格，而它们的故事则很多都属于“重口味”范畴。《雨必将落下》中有一篇小说题为《红色水泥车》，主人公是一位被入户抢劫者杀害的年轻女子。从小说开始主人公就已经死了，尸体躺在地上，但她的意识（灵魂？）却可以四处游走，甚至跟随罪犯回到他的家，夜里躺在罪犯和他老婆中间。小说《温暖又舒服的地方》写的是刚刚进入性成熟期的青少年，和麦克尤恩的某些成长小说有些气质相通之处。麦克尤恩似乎更热衷于描写青春之残酷，法柏的这篇小说则多了一些温暖的东西。

精彩的短篇小说往往只靠简短的篇幅、一两个场景就可以俘获读者。《雨必将落下》中有一篇题为《账》的小说，篇幅很短，主人公是一个不能上学、受生父虐待的小女孩。这是一个有些凄惨的故事，但作者在叙事时使用了一种天真、甚至美好的语调，于是叙事语言和故事本身的基调形成了一种反差。家里很穷，父亲又是个吝啬鬼，于是小女孩对每样生活用品的价格都烂熟于心。她最终想出了一个逃脱家庭阴影的办法，但作者并没有透露这个计划将如何实现，而是花了不少笔墨描写女孩如何一分钱、一分钱地提前计算旅行中的花费。在小说结尾处作者终于揭开了小女孩逃脱计划的谜底。这时，故事背景和叙事语调之间的反差、现实和幻想之间的反差汇聚成一股冲击力，使得这篇小说成为全书最让人百感交集的作品。

被一个无耻的人打动

长篇小说《无尾狗》中有一个医院手术室的场景：主人公为一个患黄疸病的小女孩开刀，腹腔打开后，作者写道："除了在微生物实验室里，我还没见过这么多的蛔虫……我能用不大的篇幅来描述这些寄生虫的形态，足够你们恶心几天的时间……即使我自己，在敲下这段文字的同时也在做深呼吸，尽力安抚随时要痉挛的胃脏平滑肌。"在这部时有"重口味"情节出现的小说中，上面这段其实算不上味道最重的。小说的作者似乎手里攥着一把手术刀，将书中人物一个个开膛破腹、几乎血淋淋地呈现在读者眼前。其中某些画面难免让人感觉不适，甚至引发肌肉震颤。然而仔细体味，读者会发现震颤的部位并不是胃，而是心脏，因为那里才是作者努力瞄准并且频频击中的地方。

《无尾狗》是中国"七〇后"作家阿丁的长篇小说处女作。主人公兼叙事者是一位名叫丁冬的青年医生（大概生于六十年

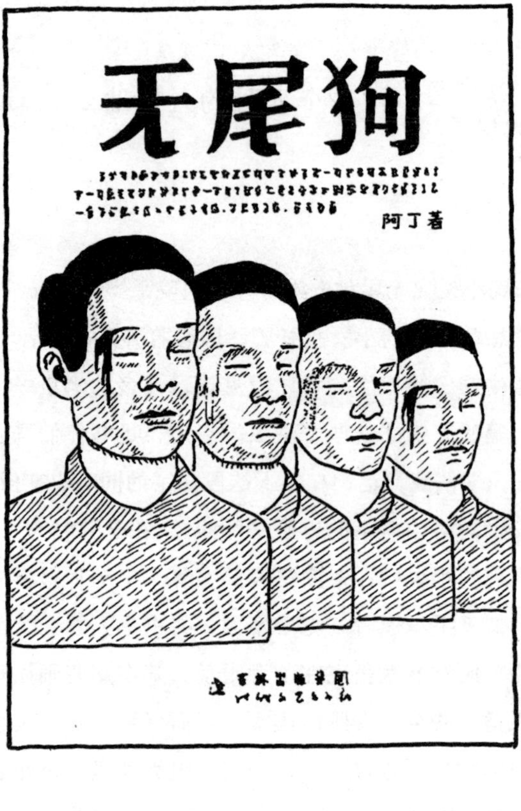
无尾狗
阿丁著

代末或七十年代初)，我们跟随丁冬的讲述游走于他供职的一家地方医院和他曾经生活过的北方农村老家，现实和回忆交替出现，众多人物轮流出场。小说在情节上有几十年的跨度，讲述了几代人的故事。这样的一个概括听起来大概似曾相识，因为它似乎可以用来概括无数篇当代现实主义小说。然而，《无尾狗》却是一个异数，因为这部小说将某些东西推向了极致。

《无尾狗》中出现最为频繁的事件之一就是死亡。主人公丁冬的父亲死于车祸，“被一辆载满猪的拖拉机从身上轧了过去”；丁冬女友的父亲写诗讽刺领导遭到报复，忍辱跳楼身亡；丁冬童年最好的朋友在青春期被判死刑，最后被游街枪决；丁冬的姥爷在晚年“毫无征兆地发疯”，被舅舅锁在猪圈旁的棚子里，直至死去；而这位舅舅最后的下场也可以用“不得好死”来形容。除了死亡，书中另一个经常出现的情节就是通奸(准确地讲，应该是“偷偷摸摸的男女关系”)。这类“奸情”在主人公的家族中频繁发生，而他本人也是身体力行。

丁冬这样形容自己：“我害羞的时候相当害羞，我无耻的时候相当无耻。可我不知道自己什么时候害羞，什么时候无耻。”这位主人公曾经伤害过自己的大学女友，在医院里和一位丈夫常年不在身边的女护士暗地里保持肉体关系，同时为了攀爬社会等级的台阶，和医务科长的女儿公开谈恋爱。对此他的同事这样评价：“这个社会需要无耻，我们就是要支持一部分无耻的人先牛逼起来。”

像这样一部色泽灰暗而且重口味的小说，它的命运大概在我们的意料之中：先是遭到文学期刊的退稿，后被几家出版商拒绝，直至初稿写完五年后才得以出版。然而不同寻常的是：翻开这部小说，聆听这位“无耻”的主人公的讲述，读者可能会发觉这是一个非常真实和真诚的声音，而这个声音背后又有一股强大的情感力量在支撑，于是当那些极具戏剧性的情节出现时，我们首先感到的是一种情感上的冲击，这时，我们已经难以用一种挑剔的目光来检验这样的事件在真实生活中到底有多大的可能性。

仅靠真诚是不能保证一部小说的质量的。读者需要真诚的态度，但同时也渴望欣赏你讲故事的技巧。小说《无尾狗》在叙事上十分特别，以至于读起来可能会感觉凌乱无序。作者在现实和回忆之间来回跳跃，相邻章节在时间和情节上往往没有明显的衔接关系，讲故事的顺序经常是结果在前、成因在后。例如从开头几章读者可以看出主人公恨自己的舅舅，但对于个中缘由作者却暂不解释，直到后来才一点一点地揭示出来。这种打乱时间顺序、“层层剥解”式的写法具有一定难度，但它提供了一种独特的阅读体验。这是一种逐步发现、逐步理清脉络的阅读体验，恰如一个人在成长过程中对世界的逐步认识。

《无尾狗》的叙事特色并不仅限于结构。这部小说整体上采用第一人称叙事，绝大部分篇幅是叙事者讲故事给读者听，但有时叙事者会忽然抛开读者，直接对书中的其他人物讲话。例如小说中有整整一个章节，内容全部是丁冬讲给死去的姥姥和姥爷的话。另有一个章节，场景是丁冬和他的室友同一位老者一起饮酒倾谈，整章文字是轮流出现的三个人物的独白。这种书中人物的大段独白在《无尾狗》中经常出现，是这部小说的一大特色，这些使用口语的大段独白段落读起来就像聆听一个人的倾诉，具有一种很强的感染力（相比之下书中很多“传统式”的对话描写就显得苍白很多）。我感觉阿丁是一位熟悉各种叙事技术和文字风格的作者。很多当下的小说作者对叙事和文字毫不在意，而《无尾狗》中的一些章节和段落则让我体会到一种久违的文字上的享受。

读《无尾狗》就好像你面前坐着一个一丝不挂的人，在那里向你讲述他自己的故事。在他讲述的过程中你发现他并不是一个高尚纯洁的人——在这个“需要无耻”的社会里，此人已经变得有些无耻（扪心自问，我们自己也未必好到哪里去）。但是我们发现：这个人的身上似乎还保留着某种情感、某种受到压抑但充满力量的东西，正是这种东西，能够勾引出我们体内同样的物质，引起我们的共鸣，让我们被一个无耻的人打动。

戴着墨镜遥望远方

假如读者对周云蓬一无所知，打开这本名叫《春天责备》的文集，随意翻阅其中的诗歌和随笔，他（她）不一定能想到：作者是一位盲人。收集在这本书里的诗句很多画面感强烈、色彩鲜明："雪白的马齿咀嚼青草 / 星星在黑暗中咀嚼亡魂"、"闪电 / 像白炽灯 / 长久地悬在头上"、"黑草原上燃烧起靛青和硫磺 / 火车出轨狼烟遍地 / 兀鹫的羽毛纷飞"；而书中的随笔常常谈到长途旅行："一九九六年，我去了青岛，之后乘船去了上海、南京、杭州；后来又去了泰安……一九九七年是属于南方的，这一路有长沙、株洲、岳阳、奉节、白帝城、宜昌等等。"这些都不禁让人在沉浸于文字之余生出一些好奇：一位失明的诗人如何看见诗中的画面？一个失明的旅人如何感受异乡的新奇？

如果你去北京，在一个车水马龙的夜晚穿街走巷，拐进一家不起眼的小酒吧，找张小桌子坐下来，你很可能在这个略显萧条的地方碰上周云蓬坐在离你几米远的地方唱歌。你看见一个魁梧粗壮的男人，顶着一头披肩长发，脸上架着一副宽大的墨镜，手里抱着一把木吉他，在那里悠然独唱。你会听到如诗的句子：“千钧一发的呼吸 / 水滴石穿的呼吸 / 蒸汽机粗重的呼吸 / 玻璃切割玻璃的呼吸……”也会被他的幽默感染：“五月一号的北京 / 人人都很讲卫生 / 就怕阿拉善来了沙尘暴 / 把所有白领吹成灰领了……”

如今，周云蓬最著名的身份是民谣歌手（“最具人文气质的中国民谣音乐代表”）。经过数年的摸索和漂泊，他的名字已经开始被越来越多的人熟悉。这时候，出版一本文集是一件相当自然的事，而这本《春天责备》不但可以让喜欢周云蓬歌声的人更加了解这位歌者，而且，它也向众人展示了这个正步入四十岁的男人的另一种身份。

周云蓬的歌词常常让人惊艳、过目不忘。阅读本书收录的诗歌之后，我们就不难理解为什么那些歌词能够达到如此境界了——原来写歌的是一位诗人。就像那首《不会说话的爱情》：“绣花绣得累了吧，牛羊也下山喽 / 我们烧自己的房子和身体，生起火来 / 解开你的红肚带，洒一床雪花白 / 普天下所有的水 / 都在你眼中荡开”——这种歌词恐怕只有一个纯种诗人才能写得出来。

《春天责备》的散文部分大多属于“随记”性质，文字平实、简洁、不加雕琢，很多大概是一次完工，有几篇让人感觉作者写至尽兴处不想再往下写时也就及时煞笔，并不屑于非得去弄一个“完美”的收尾不可。书中提到周云蓬在长春大学读中文系时“教人弹吉他，以此换取学生为我阅读一小时书籍”，“选的书都是一些名著……但世界名著的确容易让人犯困，可别人读得辛苦，自己也只好强挺着不能睡着”。即使在温饱经常不能保障的“北漂”时期，周云蓬也“热衷于《圣经》、舍斯托夫、克尔恺郭尔、基督教神学，还有陀思妥耶夫斯基”，他和朋友“办民间刊物《命与门》，里面除了刊登诗歌、随笔、小说，还从《圣经》入手讨论‘虚无’和‘虚无主义’”。一九九五年周云蓬搬到北京圆明园“画家村”，邻居是一批穷困的画家和诗人，大家“见了面，没说两句就谈到艺术。你要是画画的就争论起来了，要是搞文学的，就：我，卡夫卡，你……”。

这本书里有一篇题为《差一小时到明天》的散文，是我所见过的把“上厕所”这件事写得最让人感动的文章。此文描写作者每天半夜十一点手持盲杖、穿过寒气森森的小巷去“全北京最简陋的公厕”方便：“厕所中算我并排蹲着三个人，都埋头干着自己的事情，由于离得很近，彼此的衣服窸窸窣窣摩擦着，巴不得快点结束。”在这个寒冷的夜晚，作者回忆起小时候姐姐带他上厕所时在外面等他的情形：“‘完了吗？’我说：‘没完。’过几分钟，姐姐又叫：‘完了吗？’我说：‘没完！’心里特内疚惭愧，仿佛自己是个贼。”走在回家的路上，他又回忆起十年前住在圆明园时的一次半夜迷路，那一次他的盲杖曾经连续三次敲到路边荒草中的同一只大铁桶。如今，小巷里一条狗的叫声成了他辨认方向的帮手。“十一点了，我在公厕里。……

周云蓬

“我的文字，我的歌，就是我的盲人影院，是我的手和脚，她们甚至比我的身体和房屋更具体、更实在。”

昨夜那只狗叫了吗？好像没有，可我现在蹲在这儿，说明我昨夜还是回去了。这就够了。……可今夜，狗叫得格外的响，我不能装糊涂，找不到家。已经没有机会迷路了，况且天这么冷，况且我都快三十了。”

一位文字足以感人的作家未必把“抒情”当成自己的全职工作。读周云蓬的随笔，你会发现，作为一位失明者，此人并没有抓住自己的“坎坷经历”不放，借以唏嘘、感伤、催人泪下或催人奋进。相反，本书随笔中的“纯抒情”部分其实篇幅很少，我们读到更多的则是心态安详、口气平和、甚至时而略带幽默和揶揄的记述性文字。周云蓬的文字让人感觉这个人虽然看不见他的周遭，但他对周遭的关注似乎超过了对自己本身的关注。这种态度在大处体现于他能写出关注社会现实、关注底层人群的歌曲（如《中国孩子》《买房子》《黄金粥》《失业者》等），在小的方面则体现在他的文字中对细节的敏感性以及对他所到之处、所遇之人的浓厚兴趣和细微观察。这种态度，假如不是天生，大概也是要经过一番修炼才能达得到的。

《春天责备》这本书的魅力在于：它既有空灵、抽象、提纯、唯美的文字，又有对喧杂凌乱、尘土飞扬的现实生活的真实描绘。周云蓬的这些文字，还有他的那些歌，它们是诚实的文字、诚实的歌。在诚实面前，有时候技巧倒显得并不是十分重要，这就像当你动用你的全身心去体会、感知的时候，视觉也显得并不是那么十分重要。

人渣也有悲伤，负能量也是能量

美国小说家雷蒙德·卡佛写过一首诗，题为《你们不知道什么是爱（听查尔斯·布考斯基一夕谈）》，该诗取材于一场一九七二年的文学讲座，主讲人是查尔斯·布考斯基(Charles Bukowski)——一位年长卡佛十八岁、曾被他视为“英雄”的作家。其实这两位作家有颇多相似之处：两人都曾挣扎于社会底层、生活一度潦倒，他们都既写小说也写诗，作品紧扣现实、文字风格简单直白，除此之外，两人都（至少曾经）是著名的酒鬼。卡佛的这首诗几乎完全由布考斯基天马行空的话语片段拼贴而成。诗中并没有具体提及讲座结束后的一个小型派对，但当时的场面在卡佛的传记中有所记载：“人们看见布考斯基喝着各种各样的酒，他抱怨、吹牛、咒骂；很快，随着他醉得越来越厉害，他抓住那些女孩子，用他那张胡子拉碴的脸去亲她们的脸……女孩子们尖叫着跑出屋子……”

美国作家查尔斯·布考斯基虽然上承海明威、亨利·米勒，下启以卡佛为代表的所谓“肮脏现实主义”，但在当代美国文

Charles Bukowski

“艺术,即是精神消亡的形式表现。”

学史上这位作家并没有得到太多重视，这或许与此人的举止和名声多少有些关系。然而布考斯基拥有大量粉丝，尤其是在欧洲，他甚至享有近乎摇滚巨星的地位。这位作家的书在美国之外早已拥有百万销量，如今他的作品终于被正式译介到中国大陆，而新近出版的短篇小说集《苦水音乐》(*Hot Water Music*)正是一窥此人独特风格的一个不错选择。

《苦水音乐》收集了作者的三十五篇小说（文章次序与英文版不尽相同，一篇题为《你读过皮兰·德娄吗？》的小说大概因内容过黄未被收入中译本)。对于熟悉当代英美“纯文学”的读者来说，初读布考斯基的短篇可能就像初尝某种来历不明的私酒，这种酒包装粗糙、味道很冲，一不留神喝上一口，有人可能会大声叫“爽”,有人则可能被呛得直咳嗽。说到酒,《苦水音乐》是一本“酒量”极大的小说，全书三十多篇小说中仅有一篇对酒只字未提，其余所有小说都提到了酒，书中人物总是在不停地喝酒或处于酒精作用之下，其中不少故事就直接发生在酒吧里。《在街角酒吧喝啤酒》《好一场宿醉》《长途酒醉》——单是这些小说的名字就已经酒精含量极高。

除了酒，全书有超过一半的小说在情节上涉及性，程度或深或浅，但语言直露，荷尔蒙气息浓厚，多为肉欲，少有情感。此外，小说中颇有一些挑战禁忌的情节。《好一场宿醉》涉及性骚扰未成年儿童；《沉沦与堕落》中有乱交和吃人肉的情节；在《父亲之死 I》中，主人公在父亲的葬礼上邂逅了他老爸生前的情人，二人在父亲的床上寻欢，以至于错过了下葬仪式。布考斯基笔下的很多人物用“流氓”、“混蛋”来形容大概并不为过，他们对女性言语轻浮、动手动脚，为了过好日子不惜“吃软饭”，毫无缘由地恶语伤人，随时可以和自己朋友的女人上床……

和卡佛、海明威的小说类似，布考斯基的叙事语言也属“极简”一派，然而这种极简已经向简陋逼近：几乎没有复合长句，几乎没有比喻，几乎没有任何“文学描写”。以下是小说《比蝗虫还不雅观》的开头：

> “蛋毬，”他说，“我画够了。我们出去。我受够了油画颜料的臭味，我受够了伟大。我受够了等死。我们出去。”
>
> “去哪里？”她问。
>
> “什么地方都可以。出去吃吃，喝喝，逛逛。”
>
> “约尔格，”她说，“你死了我怎么办？”
>
> “你会照常吃，睡，做爱，撒尿，拉屎，打扮自己，到处闲逛，满腹牢骚。”
>
> “我需要保障。”
>
> “谁都需要。”

相比之下，虽然同样关注底层人物，卡佛小说的主人公多属蓝领，布考斯基则更乐于描写落魄作家和其他边缘人物。海明威虽然披着“硬汉作家”的外衣，但其短篇小说很多写得优雅而抒情；卡佛的笔调更现实、更严酷一些，但也时常流露出柔软的一面，经常安排笔下性情愚钝的小人物在某个偶然事件中达到某种“顿悟”式的精神升华。事实上，短篇小说作为一种对生活本身进行切片、放大的写法，其聚焦点往往是某个特殊时刻，在情节上大多涉及“变化”——书中人物在这一刻和世界的关系、对世界的认识发生了某种改变。可是到了布考斯基这里情况却有所不同：他的短篇小说中有相当一部分是没有变化的：在故事开始时主人公是个混蛋，当小说结束时他还是那个混蛋，精神上并无感悟，内心世界的结构原封不动，只不过是多喝了几杯酒、多打了几个炮而已。

然而布考斯基的小说散发着某种特殊的、力道颇为强劲的能量。归根到底，负能量也是一种能量，甚至可以震撼人心。像这种充斥着醉酒、肉欲、脏字，挑战各种禁忌的小说，其阅读快感有相当一部分来自于感官刺激——这完全不难理解，但这些并不足以让读者有所触动。本书有一篇小说题为《人渣的悲伤》，这个标题也许最接近布考斯基小说的主题，而这些小说中表现最多的其实就是痛苦。精彩的现实主义小说往往是那些把痛苦发掘和展示得非常精彩的小说，而小说格调的高下与书中人物的生活方式、道德水准并无直接关系。布考斯基用其直白、冷峻甚至近乎粗鲁的文字展示的是一种处于堕落边缘和绝望边缘的生活状态，他不评价、不抒情、不给笔下人物安排任何超越现实的希望（甚至还经常添加一些幽默），于是他的小说十分“糙”，十分真实，也十分够劲儿。

* 本篇引文引自《苦水音乐》，广西师范大学出版社二〇一三年版。

像智者一样思考，像顽童一样写作

一位名叫默克多的发明爱好者致力于研制一种“能溶解一切事物的万能溶剂”，他的想法遭到了爱迪生的嘲笑（“你打算用什么来装这种万能溶液呢？”），但默克多并未因此气馁，他知道，“只要在一个容器未被溶解之前及时把溶剂装入另一个容器就可以了”。事实上，这种万能溶剂已被秘密研制出来，当默克多在他的实验室里试验这种溶剂时，他依稀看到被溶解的物质在烧杯里化作一座城市。这座城市名叫LTQO，而“我”就住在这座城市之中……

以上这个故事出自一篇题为《万能溶剂》的小说，收集在青年作家朱岳的最新小说集《睡觉大师》中。和这个故事一样，此书收集的近三十篇短篇小说大多流露着一种精灵古怪的气质。这本小说集就像一锅由志异、思辨、荒诞、戏仿、后现代混搭等多种配料一起熬制而成的怪汤，其味道之新鲜独特令人难忘，而在品尝之后，我们不禁会对厨师心生好奇——这家伙一定既聪明睿智，又狡黠顽皮。

《睡觉大师》中的小说大多篇幅短小，文字呈极简风格，虽然未必“好懂”，却都十分好读。其中有几篇是作者杜撰的伪历史文献或伪回忆录：《关于费耐生平的摘录》的主人公是一位热衷于搞无用的发明、为桌子写传记、蒙起双眼去各地旅行的怪人兼“科学白痴”；《符号》虚构了希特勒死前的一段怪异经历；《睡觉大师》貌似一篇人物传记，列举了几位能在各种极端环境下安然入睡的“大师”的生平事迹。另有几篇小说近似于童话或神话：一个国王为了决定王位的继承权，派三个儿子去异国旅行，看谁能带回最令他满意的礼物；一只名叫格里耶的狗熊梦见了肥胖的羊羔和戴紫色帽子的猎人。《小弥太的枪术》和《敬香哀势守》是两篇日本味十足的武士故事。《AOZ 盒子》则像一部简短的词典，为作者虚构的二十六个单词做了详细注解。书中还有几篇小说几乎把“荒诞”推向了极致：“我可怜的女朋友”因病被切除十指后，医生给她安上了十根面条；在《诗人与侦探》中，侦探发现出租汽车司机是一只西瓜伪装的。

《睡觉大师》是朱岳的第二本小说集。在作者第一本文集《蒙着眼睛的旅行者》的腰封上，读者可以看到“中国的博尔赫斯！”这样的推荐语（对此朱岳称：“我去取样书，一眼看到，险些钻入桌子下面。”）。事实上，我们不难发现，朱岳的很多小说确实带有强烈的博尔赫斯（还有一些卡夫卡）的味道。“幻想”是博尔赫斯小说最重要的关键词之一，而在想象力方面，朱岳无疑是一位高手，大概用“惊人”二字形容也并不为过。他在小说里描述了各种稀奇古怪的发明、志趣诡异的怪人、子虚乌有的历史事件，而这些令人兴趣盎然的杜撰和想象常常又被涂抹上一层幽默色彩，其效果十分有趣。例如，一篇小说提到一位发明家研制出一部时间机器，但它“只能前往未来，无法回归过去”，所以又称“正向时间机器”，而这台机器的另一特点是：“它到达未来所需要的时间恰好等于未来本身到来所需要的时间。这就是说，这台时间机器前往十分钟后的未来所需要的时间只能是十分钟”。

朱岳笔下的故事有相当一部分发生在外国，出场人物的名字也是作者杜撰的外国人名，这些小说乍看上去很可能会让读者误以为是翻译小说。选择这种写法其实带有一定的风险，不但弄不好会“露怯”，而且很容易被人扣上“闭门造车”甚至“山寨”的帽子。然而我并不认为这种做法会削弱朱岳小说的价值。当我们阅读博尔赫斯那些迷人的、充满神秘感的小说时，作为一名中国读者，我们不难发觉，距离感和“异国情调”增添了那些小说的魅力。但读者未必知道，博尔赫斯的小说即使是在其本国读者眼中也充满异国情调，而这种距离感正是博尔赫斯努力追求的效果之一。巴尔加斯·略萨对此有过如下的观察：“异国情调是博尔赫斯小说的一种必不可少的要素：事情总是发生在遥远的地方，因为远距离使得时间和空间更加美妙、生动……异国情调是一个不在犯罪现场的借口，为的是经过读者同意——起码是趁读者不注意——以快速和难以察觉的方式逃离现实世界，向着那个非现实性跑去。”朱岳笔下大部分小说的背景正是“非现实的世界”，因而这种通过制造异国情调而“逃离现实”的方式自然是一种合理的选择。关键问题是，能否成功地调制出这种情调取决于作者的技术水平。在我看来，朱岳采用了博尔赫斯惯用的手法——叙事时使用最言简意赅的词语和句子，将小说伪装成笔记、文献、新闻或其他文风冷静的文体，一方面赋予叙事某种简洁抽象之美，为想象的产物披上了某种真实的外衣，另一方面又回避了描摹细节的必要，避免了因笔触过细反而“失真”的负面效应，其效果相当不错。需要指出的是，在某些小说中（如《记忆三部曲》和《工作场》），朱岳并没有试图将故事背景拉远，这些小说更为贴近现实，而在小说《四十书店》（同样发生于接近现实的背景）中，作者一反常态地使用了大量的口语式对话，在我看来，以上三篇小说因为少了距离感，它们的魅力也因而打了折扣。

假如一位有天赋的作者止步于猎奇、炫技、为荒诞而荒诞，只要他在这几方面确实技艺高超、独具一格，那么我们也没有理由贬低他的价值，我们只是会暗自感觉可惜，并在读多了这些东西之后不自觉地感到某种倦怠。以朱岳这种写小说的方式，他和他的小说很容易（也很容易被误读为）停留在这个层次。然而事实上朱岳走得更远，他的小说并没有让人感觉轻飘单薄。他的“志异”小说叙事口气沉稳，察觉不到丝毫的自鸣得意和炫耀之态；他的荒诞作品往往笼罩着一层悲剧色彩，其搞笑效应来源于幽默而非滑稽；他塑造的人物

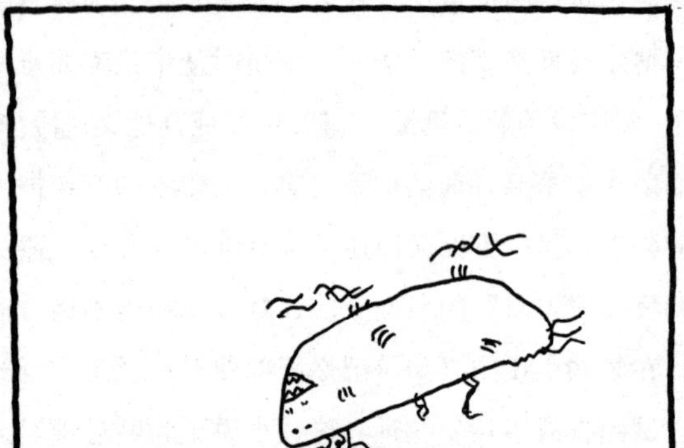
睡觉大师
朱岳 著
生活·读书·新知 三联书店

往往是遭人耻笑的怪人、处境卑微的小人物、性格敏感的弱者。我隐约感觉，那些看似机智顽皮的小说背后隐藏着一位敏感内向、时常因思考过度而陷入焦虑之中的作者。《小弥太的枪术》这篇小说大概正是作者本人因试图在写作上另辟蹊径而陷入困境的写照：刀术一流的武士小弥太（一位“有些古怪的武痴”）决定放弃让他扬名的刀，转而研习枪术。他的妻子、朋友、对手对他的“转型”都不看好，但他还是意志坚决地埋葬了他熟悉的兵刃，在深深的焦虑中手持他并不擅长的武器走向了决斗的战场……

对朱岳的作品，评论者喜欢使用“智性小说”这样的字眼。所谓“智性”的小说，应该就是卡尔维诺提到的那种关注于“一个由智力建构和管辖的世界”的作品——“二十世纪文学主流是在语言中、在所叙述的事件的肌理中、在对潜意识的探索中向我们提供与生存的混乱对等的东西。但是，二十世纪文学还有另一个倾向，必须承认它是一种少数人的倾向……提倡以精神秩序战胜世界的混乱。”朱岳本人是一位哲学爱好者（“他狡黠而敏锐的哲学天赋在友人和专业圈中已获公认”——友人语），但读者不宜把朱岳的小说当作对某些哲学概念的诠释或图解。我更愿意认为，哲学背景对写小说的朱岳来说，最重要的贡献并不是为他的小说提供了内容和主题，而是赋予他的小说一种闪烁着灵性和智慧光芒（还有一些狡黠）的独特气质。

这种气质在当下国内文坛十分罕见。我们的“严肃文学”

领域消沉而无趣，充斥着学生作业式的缺乏真正热情、缺乏技术训练、缺乏个性和创新的小说。我们似乎已经忘记：小说，可以有不同的功效、千百种面孔；小说，也可以是一种让作者写得无拘无束、尽兴畅快，让读者读得大呼好玩、充满乐趣的东西。在这种大环境下，像朱岳这样写作的作者实属奇才异类，显得非常可爱而且特别可贵。

璀璨闪烁的文字之光

如果你是个对文字敏感的人，尤其如果你本人也正从事或尝试着写作，那么阅读对你来说就绝不仅仅是一种娱乐，你会在书页间搜索那些让你佩服、赞叹、甚至激动不已的文字，对它们反复揣摩，慢慢消化，暗自希望这些文字能够被吸入你的体内，在那里深藏、发酵，然后在某一天忽然不知不觉地变异成你自己的文字，浑然天成地从你自己的笔下流淌出来。有了这种企图，你的阅读就不再是一般性质的阅读。即使是一本众人夸赞的佳作，假如合上那本书后却毫无吸纳，你也不会感到真正地满足；相反，你会凭借一种常人不会有的耐性和激情去啃那些冷僻的、枯燥的、怪异的、无人问津的、甚至面目丑陋的书，哪怕在几百页中捕获一段让你眼前一亮的文字，你也会感到由衷地快乐。最近有一本书让我再次体会到了这种快乐，它就是舒尔茨（Bruno Schulz）的《鳄鱼街》（*Street of Crocodiles*）。

“艺术的作用是做一次深入无名中的调查。艺术家是一台机器，负责记录那个深层中的进展情况，价值形成于那个深层中。”

作家布鲁诺·舒尔茨生前是一位在波兰东南部小城里教书的中学美术教师，他一生大部分时间都住在那里。此人在业余时间写了一些涂鸦式的小说，后来通过朋友寄给了一位知名作家，最终得以出版。不久，二战爆发，这个写小说的犹太人死在了纳粹党卫军的枪口下。舒尔茨仅仅留下了两本小说集，这些小说已经全部收录在中译本《鳄鱼街》当中。

我不敢保证所有读者都会喜欢这本书。这些小说基本上没有什么特别的情节，故事的发生地基本局限在波兰的小城，人物反复出现的就那么几个——“我”的父亲、母亲，家里的用人，等等；而每一篇小说的风格又都大致相同，其中不少让人感觉破碎、畸形、甚至没有任何章法。对我来说，这些小说属于那种值得吸纳和消化的小说，它们就像一座怪异的石山，仔细看去，缝隙间埋着闪烁的金子。

布鲁诺·舒尔茨的文笔不同寻常。如今大概没有多少人会在短篇小说里插入如此之多的景物描写，以小说《八月》为例，整篇小说其实就是在描绘一幅酷夏的画面：

> 盘根错节的杂草、野禾和蓟科植物在午后的热焰中噼噼啪啪地爆裂着。沉睡中的花园回响着蝇群的蜂鸣声。稻茬遍布的金色田野在阳光中如褐色的蝗群般大声疾呼，蟋蟀在从天空中倾斜而下的火雨里惊声尖叫，豆荚发出蚱蜢般轻微的炸裂声。

小说《鸟》的开头描写的则是冬天：

> 昏黄的冬日来临了，四处弥漫着无聊。铁锈色的大地上铺着一层白雪，犹如一条磨得露出织纹的寒碜的桌布，上面满是窟窿。这张桌布不够宽大，有些屋顶依然暴露在外，它们就这样屹立在那里，有的呈黑色，有的呈棕色，有的是木椽顶，有的是茅草顶，像一艘艘载着被煤烟熏黑的大片阁楼的小舟。这些阁楼如同密布着肋骨似的椽子、屋梁和桁梁的漆黑的大教堂，椽梁就像冬天的阵风用来呼吸的黑黢黢的肺。

如此密集地使用形容词和比喻来描写自然景物，这在当今作家的笔下已不多见。这种做法一旦使用不当，很容易会让人感觉文字浮华啰嗦、矫揉造作，更要命的，可能会读起来像一篇中学生作文。然而，舒尔茨的那些绵密而斑斓的文字却毫不让人反感（至少对我来说如此），这些文字反倒能够让人彻底沉浸其中。这就好像一般人写一首以“祖国”为题的诗大概很难让人感动，甚至容易让人反胃，但如果海子写那么一首诗，读者却可能读得热泪盈眶。

为什么会是这样？大概这取决于作者的气质和文字的整体气质。布鲁诺·舒尔茨的小说常被拿来和卡夫卡的小说做比较，也许这两位作家都是在幽闭的环境中孤独地书写一些略带神经质的文字。读了《鳄鱼街》之后我感觉舒尔茨的气质更有与凡高的相似之处：画家凡高总是不厌其烦地画着那些他眼皮底下的日常景象和普通物件，他把它们扭曲、变形，用颜色和线条赋予其能量和冲击力；舒尔茨则一遍一遍地描写他的家庭和闭塞的小城，他把它们扭曲、变形，涂抹上了一层同时具有童趣和神经质的迷人色彩。

这些小说中反复出现的是一个“父亲”的形象，这个父亲孤僻但充满奇思怪想，完全生活在自己的世界里。在小说《鸟》中父亲从世界各地买来鸟蛋，在家中孵化小鸟并让它们交配繁殖，最后这个家成了鸟的天下。在《彗星》中父亲忙于科学实验、精神分析，等待世界末日的来临。

小说《肉桂色铺子》描绘的是一个孩子眼里的小城。在一个冬天的夜晚，这个小孩儿在小城的街道上快乐地迷了路，他在迷宫一般的店铺、街道间穿梭游走，坐上一架陌生人的马车，穿过公园，又来到了森林边缘，看见了此时的夜空：

> 我永远不会忘记那个明亮的冬夜里的这次光明之旅。天空五颜六色的地图延伸成一个浩渺无边的穹窿，上面隐隐约约呈现出奇形怪状的陆地和海洋，用耀眼的潮流和涡流线条以及天空绚烂的地貌纹理作为标记。空气呼吸起来令人心旷神怡，银色薄纱似的闪着微光。能闻到紫罗兰的香气。从毛茸茸的羔羊皮般的白雪下面，冒出颤悠悠的银莲花，每一枚细嫩的花萼中都带着斑斑月光。

《鳄鱼街》中收录的小说并不是每一篇我都喜欢，其中颇有几篇让人感觉乏味，读后没有留下任何印象。舒尔茨的很多小说可以说毫不讲求结构和章法，感觉更像涂鸦之作。然而，这些面目独特的小说让我感觉到一种由衷的喜悦，这种喜悦大概主要来源于舒尔茨充满魅力的文字。这些文字敏感、真挚，美而充满能量，正如夜空中闪烁的璀璨星光。

＊本篇引文引自《鳄鱼街》，新星出版社二〇一〇年版。

一部“倒带小说”

在当代英国文坛，谁是最牛的作家？二〇〇七年初，《卫报》在一篇文章中试图把这个头衔授予马丁·阿米斯。暂且不管这种评价是否准确（该报不久收到一位读者来信，声称要以自杀的方式对此表示抗议），作为一位当代英国作家，马丁·阿米斯绝对和伊恩·麦克尤恩、朱利安·巴恩斯、萨曼·拉什迪等人齐名，而且似乎更红、更具争议性。阿米斯生于一九四九年，其父是老牌英国作家、“愤怒的青年”（The Angry Young Men）代表人物金斯利·阿米斯。“英国文坛坏小子”一直是马丁·阿米斯的绰号。据说，在伦敦的餐馆里，时常有一些青年男子靠谎称自己跟阿米斯很熟来达到勾引异性的目的。

可是，马丁·阿米斯在中国并不广为人知。二〇〇九年这位作家的长篇小说《时间箭》（*Time's Arrow*）在国内出版，不知这种局面是否可以改变。

《时间箭》是一本不太寻常的小说。假如事先对此书没有

“大屠杀是二十世纪的中心事件。”

丝毫了解，读过几页之后，读者可能会和小说的叙事者一样感到困惑不解：“等一下！为什么我是‘倒着’走回屋子呢？等等！现在天色变暗是因为黄昏，还是黎明？这到底……这到底是什么样的次序？”

“倒叙”这种写小说的手法早已司空见惯，然而，在《时间箭》中，马丁·阿米斯使用的却是一种把“倒叙”推向极致的讲故事方式——“倒带叙事”。整部小说就好像把一部影碟从尾到头倒着播放了一遍，于是读者面前出现了一个接一个匪夷所思的场面：“哭得声嘶力竭的孩子因父亲狠狠的一巴掌便恢复了平静，死掉的蚂蚁因路人无心的一脚便恢复了生命，受伤滴血的指头被刀子划过后便立刻愈合无痕……”

这部小说的故事是这样的：在一家美国医院里，一位名叫托德·富兰德里的退休医生寿终正寝，与此同时，一个“幽灵”诞生了（这个角色似乎可以被理解为死者的灵魂）。作为整部小说的叙事者，“幽灵”发现自己获得了生命，他附着在“主人”身上，乘坐逆行的时光之船，把死者的一生顺序颠倒地过了一遍。小说从富兰德里去世开始，一直写到此人重回娘胎。起初这位退休医生年迈多病、行将就木，但他的体质却越来越好，开始回到医院工作，开始和女人约会。后来他远行来到纽约，在那里，他更换了自己的姓名，变成约翰·杨格，有了一个新家，在城里一家医院上班。一九四八年夏天，“幽灵”目睹自己和“主人”登上一艘轮船，远航欧洲，开始了一段流亡式的旅行。在欧洲，这位医生再度更名改姓，几经辗转，抵达了德国。在德国，此人恢复了本来的名字——奥狄罗·安沃多本，摇身一变，成为一位在奥斯威辛集中营里工作的年轻纳粹军医，接下去读者以倒带的方式目睹了纳粹分子对犹太人的残杀，于是小说的主题终于昭然若揭。

不同于一般小说，阅读《时间箭》需要读者学会适应这种古怪的叙事方式，有时必须转动大脑、进行自助式“翻译”。小说的叙事者自始至终都没搞清时间是在逆行，他按照常人的思路去解读眼前的一切，于是看到的是一个荒谬无比的世界。例如，书中写到年迈的富兰德里在大街上公然抢夺儿童手中的玩具，他“同时夺走了小孩的玩具和微笑，旋即转到商店去，把玩具换成现金”。这种邪恶的行为令叙事者不齿，然而如果读者动用脑中的“翻译机”把这个事件的顺序颠倒过来，就会发现事情其实是这样的：这位医生（或许出于赎罪的动机）从商店里买了一个玩具，送给了街上的孩子。这种黑白颠倒式的描写遍布全书。下面这段对出租车的描述不乏幽默成分：

> 出租车这一行似乎已是完美到无可挑剔的行业。当你有需要时，无论是在雨中还是戏院散场，它们都会适时出现在那儿等你。一上车，司机二话不说立刻付钱给你，而且不劳你开口便知道你要去哪里。出租车实在太伟大了，难怪我们下车后还会站在街边，久久不忍离去，不停向它们挥手道别或敬礼……

更有甚者，在小说开头，连人物之间的对话都是通过“倒带”的方式进行：一个人说：“好很，好很。”另一个人应和：“吗好你？”感谢马丁·阿米斯，为了不让读者抓狂，他最终安排叙事者充当翻译，在此书其余的篇幅里把对话中的单字理顺之后再呈现在读者面前。可是，虽然每个句子都可以读懂了，但人物讲话的前后顺序依然是颠倒的，答话总是出现在问话之前，对话的逻辑性要前后颠倒过来才能理解。对于这种对话性文字，除非读者有受虐狂倾向，否则会和我一样，每当遇到大段的对话，就干脆一行一行从后往前倒着看。

马丁·阿米斯写小说以风格化的文字和探索性的手法著称，他喜欢使用讽刺和黑色幽默，绝不是一位老老实实写现实主义小说的作家。然而《时间箭》并不仅仅是一部剑走偏锋、玩弄智力游戏的炫技之作。此书曾获布克奖提名，是一部描写大屠杀的严肃作品。

虽然小说的前半部分读起来有荒诞戏谑的感觉，但随着故事的推进（倒退？），读者可以感觉到气氛开始变得沉重，直至描写奥斯威辛集中营的部分，小说达到了一个高潮。以纳粹大屠杀为题材的文学作品比比皆是，然而阿米斯在《时间箭》中展现的场面却是独一无二的。当一段大屠杀的历史被倒带重播，叙事者忽然发现“这世界的运行开始合乎道理”，他看到，在集中营里，一批又一批的死人从焚尸炉、毒气室、粪坑中被“拯救”出来，于是，“营区里的人开始变多。刚开始是一小撮一小撮出现，然后是一整批、一大群”。这些犹太人由奄奄一息、衣不蔽体变得体质健康、衣冠整洁，然后他们一批批地从集中营中离去，登上火车，最终和家人团聚在一起……对此叙事者不乏自豪地说：“我们那不可思议的任务是什么？是凭空制造一个种族。是利用气候造人，利用雷声和闪电造人、利用气体、电力、粪便和火焰造人。”

不难看出，阿米斯在《时间箭》中使用了“陌生化”这一经典文学手段，故意安排叙事者对自己所处的颠倒世界懵然无知，用正常的逻辑评论一个倒错的世界，将一段熟悉的历史用一种完全陌生的方式重新展现在读者面前。对于书中描写的这位纳粹医生，作为“幽灵”的叙事者发现此人一生中很多时间都在给健康的人制造疾病和伤痛，让人无法理解，而只有在奥斯威辛集中营里，他才真正做起了救死扶伤、制造生命的分内之事。当叙事者用轻松舒畅的语气描述集中营里的种种场面和细节时，读者却完全明白这些事情残酷的本来面目，这种对比效果无疑增强了小说的悲剧性和震撼力，让人体会到：纳粹分子对犹太民族的杀戮如此惨绝人寰，以至于这段黑暗的历史只有颠倒过来看才合乎情理和人道。

正如读者可以把《时间箭》里的叙事者看作纳粹医生的灵魂，整部小说也可以被理解为一个即将死去的人对自己一生往事的追溯：一个负罪的人，在临终之际，灵魂无法安息，于是他不得不沿着记忆之河逆流而上，重新面对生命中最黑暗的部分。

小说《时间箭》出版于一九九一年。除了此书，阿米斯的作品还包括《钱》（*Money*，一九八四）、《伦敦场地》（*London Fields*，一九八九）、《信息》（*The Information*，一九九五）等长篇小说以及短篇小说集《爱因斯坦的怪物》（*Einstein's Monsters*，一九八七）等等。阿米斯曾经说过："大屠杀是二十世纪的中心事件。"《爱因斯坦的怪物》《伦敦场地》和《时间箭》可以算作阿米斯描写大屠杀的三部曲，其中前两部描写核战争的阴影，《时间箭》则直接写到纳粹大屠杀。

马丁·阿米斯在写《时间箭》时受到两本书的重要影响。在写法上，《时间箭》的"倒带叙事"借鉴于美国作家库尔特·冯内古特的小说《五号屠场》，该书以二战期间盟军轰炸德国城市德累斯顿为背景，也是一部写战争和屠杀的小说（形式上也同样具有大胆创新的精神），书中有一段著名的描写——主人公倒着观看一段记录战斗机空袭的影片，阿米斯把这个奇异的场面加以发展，形成了《时间箭》的叙事框架。在内容上，《时间箭》参考了精神病学者罗伯特·杰伊·李弗顿的专著《纳粹医生：医学迫害和种族屠杀心理学》。该书记录了作者对一批亲身参与过大屠杀的前纳粹医生的采访和分析。书中关于纳粹军医的史料为马丁·阿米斯塑造笔下的人物提供了依据，同时也让他深切地感到："这是一个只有倒着讲述才会具有意义的故事。"

* 本篇引文引自《时间箭》，南海出版公司二〇〇九年版。

完美的低俗

今年五十四岁的美国作家尼科尔森·贝克（Nicholson Baker）拥有一副慈善可亲的面容。在互联网上可以搜到的近照中，这位作家圆脸白须、满面红光，看上去像是一位弄丢了帽子、刚刚被阳光暴晒过一顿的圣诞老人。贝克当属“严肃作家”，既写小说，也写非虚构作品，曾于二〇〇一年获美国“国家图书评论界奖”。贝克同时又是一位社会活动家，一直致力于保护公共图书馆中的老旧书刊不被销毁丢弃。这位作家的最新小说名叫《洞之屋》（*House of Holes*），于二〇一一年八月出版。在美国，每当有新书上架，作者总少不了到各地巡游，在书店里捧着新书坐在读者面前，先朗读，后签售。然而，在《洞之屋》宣传计划中并没有读书会这项内容，原因很简单：这是一本色情小说，倘若当众朗读，恐怕会把大家惊着。

事实上，出版该书的西蒙·舒斯特出版社在其官方网站上发布过一个由多位编辑朗读《洞之屋》片段的视频（目的大概既为宣传也为搞笑）。按照常规，所有不雅字眼一律用“嘀”声覆盖。结果是，在这个短片里你基本听不到什么完整句子，满耳朵就剩下“滴滴滴”的噪音。

虽然是一部黄色作品，小说《洞之屋》在英美主流媒体却得到了不少关注。早在上架之前，此书便已出现在《时代》周刊“二〇一一年夏季娱乐预告”书单、《洛杉矶时报》“夏季阅读书目”名单，以及文学杂志的“二〇一一年最值得期待的图书”名单之中。《洞之屋》于八月份在英美先后出版。《纽约时报》书评周刊在封面位置发表了一篇书评，称此书既“令人捧腹”，又“极其下流”；《华盛顿时报》的书评人认为这本书“是对评论者，同时也是对于读者的一种考验”，并指出评论此书的困难之一就是无法直接引用小说原文（原因自然可想而知）。虽然美国媒体在评论这部小说时都不约而同地回避了对书中敏感段落和字眼的引用，但这种禁忌在英国似乎并不存在（这种英美差异也体现在小说的封面设计上：该书美国版的封面是一个保守而抽象的圆形图案，而英国版的封面上则坐着一个极富挑逗色彩的火辣裸女）。英国《卫报》《独立报》和《新政治家》的书评人都不在乎在文章中出现个把脏字或生殖器别名。但该书在英国受到的评价明显不如美国，《卫报》书评版评论说：“无论你把它作为戏仿作品还是淫秽小说来读，《洞之屋》都是一本荒唐透顶的小说。”

对于《洞之屋》的主题，此书的副标题应该算是一个很不错的概括——“低俗之书”(A Book of Raunch)。这部小说由三十多个篇幅短小的章节组成，各章之间联系松散，每章讲一个故事，内容可称淫秽，而这些故事多多少少都和一个叫做“洞之屋”的地方有关。所谓“洞之屋”，可以被理解为一个平行世界、一处成人娱乐仙境、一个性爱乌托邦。当年爱丽丝掉进兔子洞之后得以漫游奇幻仙境，而进入“洞之屋”的途径也同样和钻洞有关：

(内德正在打高尔夫球，忽然听见球洞里传来一个女人的声音：)“哈罗，内德，我叫唐特海丝，来‘洞之屋’和我聊聊吧。”“好啊。”内德答道。说时迟，那时快，他的头被一个无形的力量拉拽、扭曲，他的身体化为烟雾，被一股强劲的力量吸入第七洞之中。不一会儿，他恢复原形，来到一个长满三叶草和野胡萝卜花的山坡上。他仍然戴着高尔夫球帽，手里仍然拿着高尔夫推杆，可他身上的裤子却不见了……

(藩德尔在报纸上看到一则招聘广告，)上写：“你有能力进入一个平行世界吗？你对人友善吗？你有能力做关于受访者性经验的采访吗？收入高，居住条件好，必须喜欢看别人裸体、愿意因工作搬迁。”广告下方有一个小小的黑色圆圈——没有联系地址，也没有联系电话。藩德尔正在仔细端详那则广告，忽然感觉一股强大的气流把他的头发和整个头颅往下拽。他被吸入那个黑色圆圈之中……

（卡德尔正在用一支新买的钢笔写字，）但写了一半墨水就干了。他拧下笔帽，低头检查笔芯上端的小孔。这时他感觉自己的睾丸在奇怪地发热，他的整个身体开始伸长，然后忽然被卷入钢笔的小洞之中……

是的，进入“洞之屋”的大门可谓千奇百怪，但它们都呈洞状：饮料的吸管、洗衣机的圆门、女人的耳洞——钻入这些大大小小的洞，你就来到了“洞之屋”。“洞之屋”有何妙处？众人说法不一，有人说“那是一个极其特别的性场所，你可以看见裸体女人”，有人说“在那里你想怎么做爱就怎么做爱，想和谁做爱就和谁做爱”。“洞之屋”的主管是一个名叫莉拉的女人，她的办公室里悬挂着一幅“快感最重要”的标语，上面挂着一盏小红灯，“每当‘洞之屋’里有人达到性高潮，那盏灯就会闪烁起来”。

“洞之屋”有各种各样的娱乐场所，其中最保守的大概就是成人电影院：观众坐在中央，周围十二面巨型屏幕同时放映色情电影；这里时常举办各种竞技比赛，例如只限男选手参加的“手活儿大赛”，以射程远近决定名次；这里还有野兽出没——湖水中藏匿着一头“色情怪兽”，此物貌似巨型章鱼，浑身上下长满不计其数的男女性器官，靠吞食大量的黄色书刊和淫秽影碟生存。“洞之屋”还有各种古怪离奇的规章制度，请看下面这段对话：

“……我刚去那儿转了一圈儿。在那个地方你可以拿到一张‘捏屁股执照’，有了这种执照，你就可以走到任何一个你喜欢的女人面前，对她说：‘你好，我持有捏屁股执照，请问我能捏捏你的屁股吗？’按规定对方必须答应你的请求。单单是搞到这张执照，入场费就够本了。”

“要是你出示执照以后那个女的不让你捏怎么办？”

“要是那样的话，当时就会刮起一阵神风，名叫‘化衣风’，这种暖风从O大街中央横扫过来，能让那个女人身上的衣服顿时化成灰烬。”

“那她岂不就被脱光了吗？”洛西说。

“没错，她就全裸了——这当然不是件坏事。不过很有可能那个女的特别喜欢她的衣服呢。女人总是对衣服十分在意。”

世上并无免费午餐。“洞之屋”虽然听起来像个色情天堂，但这里实际上“非常、非常昂贵”。然而，并非只有富人才能来此地尽享性趣——“洞之屋”提供“勤工俭学”机会，囊中羞涩者可以申请“奖学金”。大学女生沙蒂在这里找到了一份清洗阴茎的工作。她的工作地点就像一座洗车房，初次来到“洞之屋”的男性造访者们躺在传送带上依次被缓缓地送到沙蒂面前，而她则戴着海绵手套用热水和肥皂仔细地清洗他们的男根。哈克斯和迪内凭借驾驶经验得以成为“洞之屋”的飞机驾驶员，他们的工作是驾驶“扫黄机”飞翔于巴尔的摩市的上空，将这个城市里黄色书刊和淫秽录像带中的粗制滥造者吸个精光。

所有这些噱头其实都只是小菜和调味料。既然作者要写一本“低俗”的黄书，那么他就必须得动真格的。这就像写武侠小说，在你想象出各种来源神秘的刀法、剑谱、各种让人眼花缭乱的武林门派之后，最关键的还是要让书中人物真刀真枪、你死我活地厮杀起来。在这方面，《洞之屋》可谓给足了料。全书三十多章，绝大多数章节都有性爱场面描写，这些描写几乎毫无禁忌：性交、窥淫、自慰——各种花样应有尽有。这部小说被归类为淫书应该并不为过，类似于如下的场面描写在书中比比皆是（文中敏感字眼已用“□”符号代替）：

她望着他的眼睛，而他的眼神正移向她的□□。接着她看见了他那件□□□□但□□□□的设备。她的嘴中发出轻微的嘶嘶声响，对他说：“喔，我看可以开始了。□我吧，□□的水手。”

鲁兹提的□□愉快地颠动着。亨丽埃塔用嘴咬住床单在那里等待。她感觉他的□□正向着□□的□□寻路而去。她忍不住翻转过身来，“让我能看见你。”她说。

他□□□□，她让他□□□□□□□，迫使他的□□□□。她引领他的□□在她的□□□□□。他的后背□□□□□；他的□□□□、□□、□□。

亨丽埃塔伸直她的双膝，于是她的□□□□□□□□□□。

她笑了起来，因为这感觉太爽了，她说："鲁兹提，你是□□的□□□□！别停！□□我的□□！"

问题是：像《洞之屋》这样的小说到底有没有文学价值？

有一点可以肯定：该书作者此前的作品在文学价值方面一直没有遭到过太多质疑。尼科尔森·贝克生于一九五七年，他的小说处女作《夹楼层》（*The Mezzanine*）出版于一九八八年，该书几乎没什么情节，以意识流的手法记录了一位上班族男子在吃午餐时杂乱琐碎的心理活动，这本具有实验色彩的小说颇受好评，有评论者称贝克为"当代的普鲁斯特"。贝克的第二部小说《室温》（*Room Temperature*）持续了前一部作品的风格，聚焦于一名男子在家中给刚出生不久的女儿用奶瓶哺乳的二十分钟时间，通过细腻的笔法描述了这名男子的内心思绪。他的第三本书是一部非小说作品，名叫《U和I：一个真实的故事》（*U and I: A True Story*），是一部向美国作家约翰·厄普代克致敬的作品，贝克一直认为厄普代克是他的文学导师，他在这本书里追忆了这位作家对他的影响。一九九二年，贝克出版了长篇小说《声》（*Vox*），这是作者首部以性为主题的小说，此书写的是一对单身男女的色情电话交流，该书打入了《纽约时报》畅销书排行榜，而另有一事则让这本书更加出名：在美国总统克林顿和实习生莱温斯基的绯闻事件中，莱温斯基被发现曾赠送该书给克林顿总统。贝克接下来的小说《延音》（*The Fermata*）出版于一九九四年，仍然与性有关，而且多了科幻元素：一名

“相对于视频，用文字来表现性的主要优势在于能提供幽默的可能性。”

青年男子忽然发现自己具有让时间暂停的特异功能，很多人可能会利用这种方便捞钱发财，而此书的主人公却把它用于满足自己的性冒险和窥淫癖（当然，在小说接近结尾时，主人公找到了真爱，并放弃了他的特异功能）。在此后的十多年中，贝克再没有写情色作品，而是出版了数本和政治、历史以及保护图书馆老旧文献有关的小说和随笔作品，其中《双褶》（*Double Fold*）于二〇〇一年获得了美国“国家图书评论界奖”的非小说类奖。贝克在《洞之屋》出版前的上一部作品是二〇〇九年的长篇小说《文集编纂者》（*The Anthologist*），主人公是一位编纂诗集的诗人，《纽约时报》书评版对该书的评价是：“尼科尔森·贝克写了一部与诗歌有关的小说，而这本书的主题的的确确正是诗歌。不论是作为一部小说还是作为一次对诗歌的思考，这部作品都充满热情、极具洞察力。”

不难看出，尼科尔森·贝克是一位写文学小说的“严肃作家”，而且属于作家中富有探索精神和个人特色的一类。即便是早期那两部涉及情色的小说《声》和《延音》，它们的文学性也并没有被评论者忽视。然而《洞之屋》却是一部特别的作品，不但作者自己把这部小说定位为“低俗之书”，而且这本书在文字风格、篇章结构、人物塑造等方面走的都是通俗甚至粗俗的路子，和作者早期那些文笔精致、人物丰满、主题深刻的意识流作品相差甚远。此书在结构上类似于A片集锦——一个个短小而荒诞不经的故事，其核心就是一次次的性交、一次次的性高潮。既然是一部集锦，那么每一个故事也就多多少少要有些不同，总之是变着花样地性交、变着花样地达到性高潮。而书中的人物几乎全部是“扁平人物”，毫无深度可言，这些男男女女除了性别、名字不同之外，相互之间很难区分开来，至于性格特征、社会背景、内心矛盾等等这些即便是通俗小说作者也不会轻易忽视的层面在这本书中也几乎被全部抹去，剩下的就是一群荷尔蒙旺盛、毫无禁忌、口无遮拦、不计后果、似乎满脑子想的就是床上那些事的“无血有肉”的人物。小说在叙事语言方面似乎在努力与文学小说拉开距离，其文字风格浅白、直露，连各章的标题都是这种“大白话”风格——“卢纳去听音乐会”、“沙蒂学习洗阴茎”、“韦德按下‘立即提供性服务’按钮，小泉来访”、“迪内告诉敏蒂为什么他的阴茎不见了”……

那么，这本书是不是真的毫无文学价值可言？结论不应下得过早。读这本小说让我想起昆汀·塔伦蒂诺的电影。像《低俗小说》《杀死比尔》《无耻混蛋》这样的片子，你可以说它们的暴力情节和通俗商业片没什么太大区别，你可以说影片中的人物都是漫画式的，没什么深度，你甚至也可以说这些电影很大程度上追求的也是一种“低俗”，但塔伦蒂诺的电影是美国小众“艺术影院”的常客，这些片子也经常被当作“艺术电影”来谈论。在某种程度上，《洞之屋》和塔伦蒂诺的电影一样，可以说是一种对“低俗”的戏仿，“低俗”在这里是一种风格上的追求。一部极具风格化的作品往往是好作品。而在众多可以被文学化的风格之中，“低俗”也完全有理由占有一席之地。

仔细阅读这部小说，读者会发现，此书的“低俗”之中带有不少幽默成分。

在题为“波莉去参观阴茎馆”的一章中，女主人公来到“洞之屋”著名的阴茎馆，在这里，裸体男人们藏身于墙后，而他们的那话儿则穿过墙上的小洞悬在半空（“那些看上去像蛤蟆的玩意儿都是阴茎吗？”——初次到访的波莉颇感惊奇）。此章的故事当然在火热的性行为中结束，但是其中某些段落十分滑稽可笑：

> （波莉询问某个小洞中露出的一只阳具：）“……你结婚了吗？”
>
> 那根阴茎点了点头。
>
> “有几个孩子？”波莉问。
>
> 阴茎在那里摆动了三次。
>
> “你这个丑八怪！有三个孩子？你却跑到这儿悬在这个墙洞里？你能看见我吗？”
>
> 阴茎又点了一下头。

这部小说中的幽默大多来源于荒诞。当书中人物在很不正经（甚至下流）的处境中有板有眼地用很正经、甚至很有礼貌的方式讲话，其强烈的对比效果自然会引人发笑。而荒诞不经的感觉一直贯穿于这部小说之中，事实上，本书的故事情节几乎可以用“超现实”来形容。

以小说的第一章“沙蒂发现了戴夫的胳膊”为例，在这一章，女大学生沙蒂在参观采石场时捡到了一只胳膊——“它摸起来是温热的，手指还动了几下”。这只胳膊可以通过写字的方式和沙蒂交流，于是沙蒂得知：胳膊的主人名叫戴夫，他曾去“洞之屋”，希望得到一根更加粗大的生殖器，但为了满足这个要求他必须“付出代价”，于是他同意暂时丢掉自己的右臂，借以换取一个更大的阳具。戴夫的右臂离开主人后开始了一段独自漂流的生涯，得以邂逅沙蒂。沙蒂和戴夫的胳膊相处甚欢(不难想象，他们之间的关系绝对不会只停留在精神层面上)，最终沙蒂决定去找胳膊的主人，于是她来到“洞之屋”，开始了一段寻访。

在这部小说中，人体器官就像机器零件一样，可以被轻松拆卸、完整复原。一位名叫里斯的女士来到“洞之屋”，希望找到她理想中的男人——“不会动不动就对我品头论足、说三道四，也不会总是不赞同我的着装选择”，简单说，她想要“和一个形象好的男人在床上度过一段只图快乐、不需要大脑的时光”。于是主管莉拉向她推荐了“无头卧室”——这里有身材极棒的男人可供选择，他们的头部都已被切除（暂存他处保管，日后可以复原），这些无头男子既聋又哑、不能思考，但余下的脊椎和裆部“能够对刺激做出敏感的反应”，里斯开始感觉很恐怖，但她逐渐习惯了和无头猛男在卧室里独处，于是引出一段也许是本书中最特别、最古怪的性描写：

……她努力不去看他的头，因为他的头并不存在。她把注意力集中于他真正的自我——他的□□。……她好奇于他对她的□□是否有感觉，而这似乎并不难发现。他此时躺在那里，双手垂在身体两侧。她把自己的一只□□降低，而当他的手感觉到她的□□从他掌心的敏感皮肤擦过时，他的屁股又一次轻轻地抖动了一下。……“你让我感觉□□，”她气喘吁吁地说，“用你的□□思考吧。”她□□□□□□□□□□，□□□□□□□□□□□□□□，接着□□□□□□□□□□□□、□□□□□□，□□□□□□□□□□□。

如果说这部小说在语言方面有任何特色，那么最明显的大概就是作者对创造新词的情有独钟。这本小说里可以见到作者独创的很多英文词，大多与性有关：“Porndecahedron”、“pussyboarding”、“Masturboat”、“pussysurfer”，等等。而作者同时还热衷于给性器官起别名，仅其“独创”的阴茎别称在书中就达十几个之多，其中甚至还包括人名（当《引爆点》的作者马尔科姆·格拉德威尔翻开此书，忽然发现自己的名字被用于指代男性生殖器时，这位瘦长脸、顶着一头黑色蓬松卷发的著名作家不知会作何感想）。

对于《洞之屋》的“低俗”，大概没有什么值得争论的。比较令人好奇的是：本书作者为什么要写这样一本书？贝克曾经承认，当初动笔时原本计划在出版时署一个假名，但完稿后被编辑说服，最终沿用了真名。由此看来，作者在撰写此书的过程中并没有把它当作自己写作生涯中的一部重要作品来对待，也没有打算通过这本书在文学上成就多大的突破。假如排除纯粹为了赚钱这个动机（在笔者看来这种可能性不大），那么余下的最令人信服的解释也许就是：作者有写这样一本书的强烈冲动。这种冲动的存在其实不难理解：写一本很淫秽、很下流、百无禁忌的书，抛弃文学小说的条条框框，不求高雅，不求政治正确，但是必须好玩儿、必须来劲、必须能量十足——这种写作冲动和某些不宜示人的性幻想一样，大概存在于不少作家的头脑之中。当然他们当中并没有很多人将之付诸实践，贝克应该是个例外。

虽然贴着“低俗”的标签，但《洞之屋》并不是一般意义上的低俗作品。其最佳读者并非黄色小说发烧友，而是严肃文学爱好者，这是因为只有把这本书当作一部文学小说来读，其极具幽默感和风格化的颠覆效果才能得到最佳展现。而“低俗”作为一种文学风格（其追求者不多，尚无泛滥之忧），它的魅力在于：一切假模假式的伪善、一切空洞虚伪的说教、一切矫揉造作的煽情在这种氛围之下都会不由自主地羞于见人。所有的动机和趣味都回复到最原始的、最基本的层次，而这个层次虽然显得低级，但它的的确确非常基本，是人性的一部分，是真实而且严肃的。达到一种“完美的低俗”

并不容易，因为在这个过程中你必须剔除那些虚伪的、无力的东西，这就需要你具备一双敏锐的眼睛，能够准确地识别虚伪和无力。

如何区分“纯粹”的色情作品（那些除了提供引起生理反应的刺激之外别无追求的东西）和虽然包含色情成分（含量可能很高）但同时具有其他价值的作品？这个问题并不容易回答。但我听到过一种极其简单的鉴别方法——“纯粹”的色情作品，就是那些你在自慰之后就会对它们突然失去兴趣的东西。

我相信，《洞之屋》这本书虽然“低俗”，但并不属于此类。

一部飞奔向前、不知将走向何处的疯狂小说

《2666》的作者、智利小说家罗贝托·波拉尼奥曾经说过：“如果说当今有哪一位作家是无法被归为任何一类的，那么这个人就是塞萨尔·埃拉 (César Aira)。”埃拉是一位生于一九四九年的阿根廷作家，其作品风格怪异，实验色彩极浓。此人产量颇丰，每年至少出版两部小说，至今已有超过五十本著作上架（目前尚无中译本）。波拉尼奥说：“埃拉是个怪人，但他也是当今在世的三四位最好的西班牙语作家之一。”

埃拉的小说大多篇幅短小，单行本往往不足百页。《文学研讨会》(英译本书名：*The Literary Conference*)就是这样一部小长篇。这部小说采用第一人称叙事，在开头一章，“我”（一位名叫塞萨尔的作家）去参加一次文学研讨会，途经一座海滨小城时发现了一批几百年前海盗暗藏于海底的宝藏，于是一夜间变成腰缠万贯的富豪。在这一章（乃至整部小说）埃拉使用的是一种知识分子腔调浓厚的语言，文字沉稳，叙事中经常插入大段的思辨与议论。

“（艺术）只是一种消耗时间的方式，就像玩儿填字游戏和看电视一样，只不过这种方式的地位更高（也更好，这一点我不能否认）而已。”

然而和这种学者腔的文字混搭在一起的却是非常通俗化、甚至极端荒诞的情节，其结果是一种新奇怪诞的阅读体验。

在小说接下来的一章，叙事者话题一转，开始谈论一位“疯狂科学家”——“他从事细胞、器官和肢体的克隆实验，已经具备了可以随心所欲无限复制整个生物机体的能力”。这位地下科学家计划克隆一位超人，而他的终极目标就是“征服整个世界”。讲至此处，叙事者郑重宣布：这位“疯狂科学家”不是别人，正是他自己，而他想要克隆的对象就是墨西哥著名作家卡洛斯·富恩特斯。

这种“不按常理出牌”的讲故事方式其实是埃拉小说的一个特点。这位作家笔下的情节常给人离题、突兀、不连贯、随意混搭的感觉。这大概与此人的写作习惯有关。埃拉喜欢使用一种他自称为“向前飞”(fuga hacia adelante) 的方式写小说，具体说就是写作时只前进，不回头，不做修改，不在乎自己写下的文字水平如何，想换话题就换话题。埃拉习惯于每天坐在咖啡馆里用这种方式天马行空地写上一两页纸，然后在几个月后把这些文字当作一本小说出版。

《文学研讨会》应该也是用这种方法写出来的小说。在接下来的两个章节中基本上没有故事发生，主人公整日躺在酒店的游泳池旁边思辨，这些段落读起来就像一篇探讨文学或哲学的学术论文。此后关于克隆实验的情节终于又被提起。主人派了一只由他本人克隆出来的黄蜂从作家富恩特斯身上成功地提取了一个细胞，他把这个细胞放入一台小型克隆机，然后把机

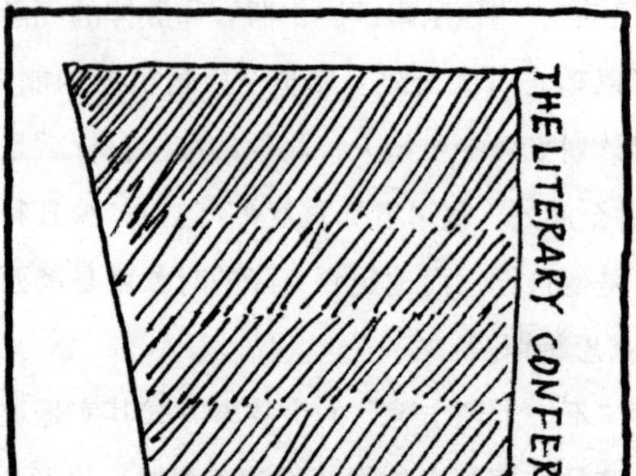
THE LITERARY CONFERENCE
CÉSAR AIRA

器放置于山顶，开始了克隆实验。

如果说这部作品以传奇、探险小说的情节开头，中间过渡成科幻小说，那么它的结尾就是一个B级电影式的高潮：无数只巨大的蓝色蠕虫从山顶向城市袭来，这些虫子似乎无穷无尽，像一个邪恶的兵团。在一片惊恐之中我们的主人公忽然意识到：这些蓝色蠕虫来自于自己放在山顶上的克隆机——由于取样时的失误，被克隆出来的不是作家富恩特斯，而是无穷的蓝色蠕虫（细胞来自于作家的蓝色蚕丝领带）。勇敢的主人公在一位美女的陪同下决定亲自去消灭这些怪物。经过一番惊险的搏斗，他终于取得了胜利。

阅读埃拉的这部颇具混搭特色的小说，读者可能会怀疑这位作者也许确实是一位疯狂的科学家，而这部小说就是一个由他亲手制造出来的怪物。整本书自始至终让人猜不透故事将往何处发展，整个阅读过程仿佛就是一个读者随作者“向前飞”的过程。然而这是一段怪异而愉悦的经历。波拉尼奥曾说：“一旦读了埃拉的小说，你就停不下来，还想读更多。”

塞萨尔·埃拉在小说中插入了不少关于文学的讨论，这些段落往往文字繁复，学术腔十足，然而这位作家在接受采访时的讲话方式倒是十分简洁明了。他说：“至少我的个人经验让我越来越相信：艺术和生活是两条平行的道路，它们并不相交。……我的确这么认为：艺术对一个人的生活起不了作用，对社会和历史也起不了作用。它只是一种消耗时间的方式，就像玩儿填字游戏和看电视一样，只不过这种方式的地位更高（也更好，这一点我不能否认）而已。”

詹妮弗·伊根的Twitter小说

《纽约客》登小说是平常事，几乎每期都有，但最近有一篇却颇为特别。这篇小说名叫《黑盒子》，作者是美国女作家詹妮弗·伊根（Jennifer Egan）。特别之处在于：该作品的首发媒介不是在《纽约客》杂志，也不是该杂志的网站上，这篇小说是通过在Twitter（美国的“微博”）上连载的方式发表的，每条微博相当于小说的一段，每晚定时一条一条地发，分十天连载完。

在微博上连载小说，这件事我根本不看好。首先，阅读小说需要有连续性，你的内容一段一段地往外蹦，我坐在电脑前一条一条地读，不仅读着吃力，而且段落之间的文气衔接会被生硬地打断；更要命的是，因为微博上的帖子都是按由新到旧的顺序排列，在微博上看小说你就不得不经常从下往上倒着读，十分别扭；除此之外，一个微博用户可能同时关注成百甚至上千个微博账号，于是小说在连载过程中难免被强行插入他人毫不相关甚至无聊透顶的文字垃圾，即使你的小说再精彩，也难免被搅得满目疮痍。

虽然并不看好小说在Twitter上的命运，但我对这篇名叫《黑盒子》的Twitter小说却很感兴趣。它的作者詹妮弗·伊根是一位我从两年前就开始关注的作家。当时读到一本名叫《恶棍来访》（*A Visit From the Goon Squad*）的英文长篇小说，感觉眼前一亮，十分对胃口。这部小说分十三个章节，每一章几乎都可以作为一篇独立的短篇小说来读，每一章讲一个不同的故事，有一个不同的主人公。值得赞叹的是，伊根在这部小说里使用了几种完全不同的叙事手法，变换了多种味道迥异的文字风格。这本书里有第一人称叙事、第三人称叙事，还有不太常见的第二人称叙事；语言风格上有不露声色的冷叙事，有细腻敏感的抒情式叙事，有戏谑调侃的口语式叙事，有模仿采访报道的新闻体叙事，最不同寻常的是：这部小说的第十二章没有任何叙事段落，而是由几十张PPT幻灯片组成。《恶棍来访》是我在二〇一〇年读到的最好看的英文小说。此书后来接二连三地获奖，包括二〇一〇年的美国“国家图书评论界奖”和二〇一一年的“普利策小说奖”。

一位写过PPT小说的作家现在来写Twitter小说——这倒是一件顺理成章的事。我读完了《黑盒子》的全文（《纽约客》在完成Twitter连载后将这篇小说按传统方式刊登在二〇一二年六月份的第一期上，我读的是这个版本），感觉相当喜欢。

《黑盒子》是一篇科幻和间谍小说的混合体，在情节上走的也是通俗小说的路子：一名美国女子（在《恶棍来访》中出现过的一个人物）被国家安全部门训练成间谍，体内被植入多种高端电子间谍设备，然后去往地中海一带通过施展美人计的方式窃取恐怖分子的机密情报。这样一个故事是很难写成“纯文学”小说的，然而伊根却做到了这一点。她的武器：叙事语言。

对我来讲，《黑盒子》的阅读乐趣几乎全部来自于这篇小说的叙事语言。既然要写一篇 Twitter 小说，作者除了必须把每个段落都控制在一百四十个字以内（伊根写作时用了一个每页印有八个方框的笔记本，在每个方框里填写一个段落），她还需要解决段落之间的文气衔接问题。要知道，Twitter 的一百四十字，从叙事容量上来讲，远远少于中文的一百四十字，这就使伊根的成就更加突出。在这篇小说里，伊根把一段一段的叙事文字转换成一条一条的间谍训练指令以及主人公的观察、反思记录，于是每一段（条）都相对完整，几乎可以独立成篇——这种方式和微博文风颇为吻合，甚至能用来描写人物对话。下文是小说女主人公在海滩上施展美人计的段落：

> 如果你事先知道某人性格残暴无情，你会从一些细微平常的地方看出他的残暴无情——比如他游泳时手臂击打水花的姿势。
>
> “你好吗？”你的指定目标在跟随你进入波浪汹涌的海水之后抛出的这句话很可能暴露出某种怀疑，但也可能什么也没有。

“我讲述的是一个复杂的、多声部的故事。”

你的回答——“我在游泳呢。”很可能被理解为暗藏某种讥讽，但也可能什么都没有。

“我们一起游到那块礁石那边，好不好？”是一个问题，但也可能并非一个问题。

“一口气游过去？”如果讲得得体到位，这句话会让对方看到你性格里天真率直的一面。

“那边比这里更隐秘。”这个回答可能让人顿生不祥的预感。

伊根在《恶棍来访》里已经显示出对多种语言风格的灵活掌控，而《黑盒子》则让人感觉这位作者还有更多尚未得以展示的才能和潜质。这篇小说的语言富有节奏感，充满音乐韵律，读起来有一种新奇迥异的效果，让人想起实验小说家格特鲁德·斯坦因，甚至还有邪典作家恰克·帕拉尼克（Chuck Palahniuk）的影子。

也许在Twitter上连载小说这种尝试最后会以失败告终，但在我看来，詹妮弗·伊根在《黑盒子》里的语言实验应该算是一个成功。读小说的方式大概还是越传统越好，但写小说，却是可以放开胆子玩各种花样的。

邪典:由读者决定的小说类型

一九八〇年十二月八日，歌星约翰·列侬——著名的披头士乐队主唱——在纽约街头惨遭枪杀身亡。凶手是二十五岁的马克·大卫·查普曼，他向列侬发射了六颗子弹，然后安静地坐在路边等待警察到来，同时开始阅读一本随身携带的小说——J. D. 塞林格的《麦田里的守望者》。《麦田里的守望者》对于查普曼来说并不是一本平常的小说，在事后向警方发表的“宣言”中他提到了这本书，后来在接受宣判的法庭上，他又朗读了这本书的部分章节。在这个个性偏执的年轻人的生活中，《麦田里的守望者》占有极为重要的地位，他在那本书的扉页上写道：“这是我的宣言。”

这是一个极端的例子，然而从中可以看出一本书的力量。一本能够达到这种效果的小说，经常被称为“邪典小说”(Cult Fiction)。《麦田里的守望者》就是一本经典的邪典小说。这本书影响了不同时代的很多人，当然，他们之中的绝大多数并没有变成杀人犯。

英语中的“Cult Fiction”这个词，其实是个模糊的概念。大致说来，它是指那些非主流、未必十分出名和畅销，但在某些特定读者群中得到了狂热追捧的小说。如何翻译这个词目前好像尚无定论，“cult”一词本身有宗教崇拜、邪教等意思，但用在这里并不是指这类小说与宗教有关，而是用来形容读者近乎宗教崇拜式的兴趣。另一个相关词“Cult Movie”如今通常被译为“邪典电影”，那么不妨将“Cult Fiction”翻译成“邪典小说”。

最近读了小说《搏击俱乐部》（*Fight Club*）的英文版，作者是美国作家恰克·帕拉尼克。这本书连同帕拉尼克的其他作品常被人当作当代邪典小说的典型例子提及，而作者的官方网站名字就叫“The Cult”。

《搏击俱乐部》的叙事者是一位汽车公司的职员，他患有失眠症，厌倦自己的生活，他混入专门为各种重病患者定期举办的互助小组，通过体会生命垂危者的痛苦，重新获得生的感觉。在这些互助小组里他邂逅了女主人公玛拉·辛格，一个和他一样的冒牌货。同时他结识了一个名叫泰勒·德顿的人，此人从事电影放映员、侍应生之类的工作，但目的似乎不是为了赚钱，而是寻找恶作剧、捣乱的机会（在电影胶片中插入色情影片的片段，在高级宴会的菜肴中注入异物）。叙事者和德顿共同创建了一个名为“搏击俱乐部”的地下组织，参加者皆为男性，他们在这个俱乐部里赤膊互殴，只为体会打架的乐趣。后来这个俱乐部变得十分流行，开始在各地出现，而德顿又开始酝酿一个更为惊世骇俗的恐怖计划……

小说《搏击俱乐部》内容怪异，文字充满张力和节奏感。该书于一九九六年出版后获得了评论界的一些好评，拿下了几个文学奖，并得到了一批以青年男性为主的小众读者的青睐。一九九九年，这部小说被好莱坞搬上银幕，上映后票房并不理想，但当DVD版本出现后却受到了影迷的强烈追捧，小说《搏击俱乐部》也得以再版，最终成为一部邪典。不同于大多数畅销书，像《搏击俱乐部》这样的邪典小说不仅仅因为可读性、娱乐性而流行，它们当中很多对读者的价值观和当时的社会文化都有影响。帕拉尼克在再版的前言中列举了《搏击俱乐部》的影响：地下“搏击俱乐部”在各地纷纷出现；时装设计师将刀片缝入男装，称之为“搏击俱乐部款”；很多男子正式改名为泰勒·德顿；《标准周刊》开始宣称“阳刚之危机”；学者推出社会学著作《失信：美国男人的背叛》；宾夕法尼亚大学专门召开学术会议，把《搏击俱乐部》和弗洛伊德、软雕塑、阐释性舞蹈等等一起研究。

最近英国的《每日电讯报》刊登了一篇题为《五十本最佳邪典书》的文章。作者在开列书单之前先对“邪典”这个词的含糊性发了一通感慨：“什么是邪典书？我们几经尝试，却无法给它下一个准确定义：那些常常能在杀人犯的口袋里找到的书；

那些你十七岁时特别把它当回事儿的书；那些它们的读者嘴边老是挂着‘某某某（作者名）太牛逼了’的书；那些我们的下一代搞不明白它们到底好在哪里的书……这些书里经常出现的是：毒品、旅行、哲学、离经叛道、对自我的沉迷……但是，这些并不足以概括邪典书的全部特征。”在该文列举的五十本最佳邪典著作中，不难看出有很多属于类型小说（Genre Fiction），如悬疑、科幻、惊悚、玄幻等，但很多经典文学作品也被收录其中，如：冯内古特的《五号屠场》、约瑟夫·海勒的《第二十二条军规》（*Catch-22*）、J. D. 塞林格的《麦田里的守望者》、托马斯·品钦的《万有引力之虹》、卡尔维诺的《如果在冬夜，一个旅人》、博尔赫斯的《迷宫》、杰克·凯鲁亚克的《在路上》（*On the Road*）、加缪的《局外人》（*The Stranger*），等等。

可见，“邪典小说”并不是一种严格意义上的小说类型。一部邪典小说可能是一本通俗小说，也可能是一部纯文学作品。那么，邪典小说有什么共同特征呢？我觉得，可以用“邪”和“典”这两个字概括这类小说的特点。

首先，邪典小说应该“邪”。这里的“邪”字并无贬义，是指邪典小说在内容或写法上一般都不太传统——偏离主流、新颖怪诞，甚至引起争议。太正统的小说是不能被称为邪典的，《追风筝的人》（*The Kite Runner*）虽然很畅销，但和邪典小说没有任何关系。真正的邪典小说总是有些“邪”气。在内容方面，《搏击俱乐部》中的人物都是些带有反社会倾向的“边缘人物”，他们的行为举止和生活态度绝不属于安分守己的普通人。小说

“作家职业的高贵永远植根在两种艰难的介入中：拒绝谎言，反抗逼迫。”

《在路上》塑造了一群“垮掉的一代”，这些人的观念和生活方式在当时的社会背景下是新颖而离经叛道的。《局外人》刻画了一个奇怪的主人公：貌似麻木不仁、感情冷漠，对母亲的去世仿佛持旁观者的态度。乔治·奥威尔（George Orwell）在《动物农场》（*Animal Farm*）中描绘了一个离奇的世界：农场里的动物们推翻了人类的统治，自己当家做主人。纳博科夫的《洛丽塔》曾因涉及恋童癖题材长期被禁。威廉·巴勒斯（William Burroughs）的《裸体午餐》（*Naked Lunch*）曾因描写吸毒、性爱等内容被告上法庭。在表现手法方面，《五号屠场》虽然以二战为背景，但冯内古特大胆地掺入了科幻小说的成分，主人公可以做时间旅行，还曾遭到外星人的劫持。《万有引力之虹》也是一部写二战的作品，但品钦毫无顾忌地加入了统计学、生物学、物理学、心理学等成分，使整部书成为一部结构散乱、包罗万象的大杂烩。《裸体午餐》在写法上也背离传统，整部小说仿佛是由一些零散的碎片拼凑而成。

但仅仅靠“邪”是不够的。除了“邪”，还要被读者奉为“典”，才能称得上邪典。邪典小说都是得到过读者极端追捧的作品，而这些作品的读者群并不一定很大，它们中很多都是在小范围内流行、传播的，有的还曾一度绝版。在《邪典小说名著：邪典流行文学指南》（*Classic Cult Fiction: A Companion to Popular Cult Literature*）一书中，作者托马斯·瑞德·维森指出：“邪典文学和其他文学类型的主要区别在于：一本书是否能达到邪典的地位，主要取决于读者反应，而不是作者的意愿。一位作者可以有意地去写一本悬疑小说、爱情小说或幻想小说，但是没有人能够把写一部邪典小说作为创作目标。一本书是否成为邪典决定于作者本人无法控制的因素。大众读者将决定他们是否喜欢这本书。如果一本书无人喜爱，那它无论如何也成不了一部邪典。”

据说史上最早的邪典小说是歌德的《少年维特的烦恼》（*Die Leiden des Jungen Werthers*）。这本出版于一七七四年的小说在当时掀起了一股“少年维特热”：欧洲的年轻人不但模仿小说主人公的着装（蓝外衣、黄马甲、黄裤子），还使用“维特杯子”、甚至“维特香水”。拿破仑对这本书倍加推崇，读过七遍该书的法语译本，出征埃及时还不忘怀揣一本《少年维特的烦恼》。这本书的流行也带来一些负面影响，很多青年读者模仿书中主人公的自杀行为，引发了一股自杀的风潮。

H. P. 洛夫克拉夫特（H. P. Lovecraft）是上世纪早期的一位著名邪典小说家。其作品影响了后来的恐怖、悬疑和奇幻小说。区别于同一时代那些把西部牛仔故事搬到太空上去的粗制滥造的科幻小说，洛夫克拉夫特在他的作品里融入了独特的宇宙观和哲学思考。在一九二八年发表的著名科幻恐怖小说《克苏鲁的呼唤》（*The Call of Cthulhu*）中，他向读者展现了一幅邪恶可怕的图景：一个名叫“克苏鲁”的远古时从外太空降临地球的邪神，一直长眠于被海水淹没的史前古城之中，随时等待从梦中苏醒，以恢复它对地球的统治。也许是隔了八十年的缘故，我读这篇小说时并未感到特别兴奋，但可以想象，过去已经有无数作者模仿过这种风格，重复过类似的故事，以至于很多经典如今读来反倒显得有些平庸。洛夫克拉夫特一生坎坷，生前并没有出名，他的小说很长时间一直处于“地下文学”状态。虽然这些小说不为大众熟悉，它们却在小圈子里备受推崇。很多崇拜者把毕生精力用于保存、出版洛夫克拉夫特的作品。这些崇拜者中有很多人本身也是作家，他们对洛夫克拉夫特如此推崇，以至于建立和发展了一个“克苏鲁神话体系”，即作家们依据洛夫克拉夫特当初搭建的故事背景写更多的同类小说。国内一家出版社于二〇〇五年引进过一本名叫《邪神复苏》的小说集，收集了洛夫克拉夫特的原著小说和一些后人的承袭之作。

二十世纪中期（1945－1975）是邪典小说的黄金时代。《邪典小说名著》一书谈到了这一时期邪典小说在读者中的传播：这些书的读者大多是大学生，他们感觉这些小说非常神奇，好像是专门写给他们的。他们对这些书着迷到发疯的地步，反复阅读，向旁人推荐，讨论书中的观点，模仿书中人物的言谈举止。这些书逐渐开始流行，最后（出乎包括出版商在内的所有人的意料）成为一本畅销书。评论界对这些小说可能会贬低或置之不理，有些书还会遭禁，但读者的兴趣反倒因此变得更强。这些书影响了整个时代。

英国作家安东尼·伯吉斯（Anthony Burgess）的小说《发

“愉悦对我来说就是奇迹——那些未知的、不测的、隐秘的、潜伏于变化无常的表象之下的恒久不变的东西。”

“青少年暴力行为是创造欲的一种表现；年轻人不知道如何把自己的能量用于创造，于是他们反其道而行之，把它用在了毁坏上。”

条橙》(*A Clockwork Orange*)就是出现在这一时期的一部邪典书。这本于一九六二年出版的反乌托邦小说充满了暴力描写。主人公是一位五毒俱全的不良少年，因劣迹斑斑而身陷囹圄。在监狱的治疗中心，他接受了一项试图改造犯罪分子灵魂的心理治疗实验，方法是强迫实验对象在生理不适的情况下不停地观看暴力影片，目的在于使罪犯对暴力行为产生条件反射式的生理性排斥。通过这项治疗，主人公开始厌恶犯罪，但他同时失去了自由意志，变成一个机械的“发条橙”，等待他的不是新生，却是更大的痛苦。通过这部小说，伯吉斯想要表达的是：即便是邪恶，只要是自由选择的结果，也要强于通过压制人性和“洗脑”产生的“善”。《发条橙》出版后很快成为一部邪典。在这部书中作者自创了一种叫做“Nadsat”的虚构的语言，一些读者专门编写了这种语言的字典，网上还可以下载这种语言的翻译软件。一九七一年这部小说由导演库布里克搬上银幕，使得这部书受到更多人的追捧，其影响已经渗透到摇滚乐、电视，甚至体育比赛和电子游戏的领域。

一位美国作家朋友告诉我，“邪典小说”一词不但概念模糊，还常常让人联想起通俗文学，所以，这个词在自视清高的文学评论圈里使用率很低。为了验证他的说法，我上网搜索了一下《纽约时报书评》自一九八一年以来的文章存档：用“Realism”（现实主义）一词可以搜索出一千一百一十篇书评，用“Postmodern”（后现代）一词能找到三百五十九篇书评，可是如果用“Cult

Fiction”一词搜索，只能找到一篇文章（评论的正是上文提到的恰克·帕拉尼克的小说）。

然而，一个概念的出现总是有它的意义的。读者可以把邪典小说当作了解一种文化、一个时代的工具。为什么《麦田里的守望者》会成为很多人的毕生珍爱之书？为什么《在路上》能够在二十世纪中期影响了一代人的生活方式？我们可以把这些书当作一种对时代精神的记录来阅读。对于在茫茫书海中寻找好书的读者来说，知道一本书是畅销小说只能说明这本书曾经被很多人买回家里，可是如果你知道一本书是一部邪典小说，你至少可以肯定：这本书曾经让很多人非常、非常地着迷过。

Ⅲ 悬念保鲜术

“要展示，不要讲述！”

如果你有机会读一些“如何写小说”之类的书，尤其是当代美国人写的，你差不多肯定会读到这么一条写作规则：“Show, don't tell!”直译过来就是：“要展示，不要讲述！”

这句话是什么意思呢？其实就是说，作者不应该直接使用类似“这个人很贪婪”、“生活条件很艰苦”之类说明、概括的文字，而是要通过描绘具体的场景、动作、对话等让读者自己体会出“这个人很贪婪”、“生活条件很艰苦”的感觉。简单说，就是写小说时要避免“讲述”(Telling)，多使用“展示”(Showing)。

这条写作规则其实是有道理的，如果一篇小说中充满了作者的“直抒胸襟”，而缺乏细节描写，没有画面感，那样读者就不会产生切身的感受，这篇作品充其量只能算得上是一个故事，不能称其为好的小说。

大部分当代写小说的人好像都很重视“Show, don't tell!”这一原则。然而，当任何东西上升到近乎“金科玉律”的地位，很多爱捣乱的人（比如我）就会出来怀疑一下，找找茬，甚至试图反其道而行之，看看什么效果。

其实，很多成功的小说并不是完全遵守"要展示，不要讲述"这一原则的。随便举个中国古代文学的例子，《聊斋》里的《聂小倩》是这样开头的：

> 宁采臣，浙人，性慷爽，廉隅自重。每对人言："生平无二色。"

按照"Show, don't tell!"的原则，"性慷爽，廉隅自重"这种直接告诉读者人物性格的写法是非常不好的。如今这种叙事腔调基本上不会在《收获》《十月》之类的纯文学刊物上出现，最多可能在《故事会》上偶尔见到。

再举些当代作家的例子，最明显的例子就是博尔赫斯。小说《釜底游鱼》是这样开头的：

> 一个布宜诺斯艾利斯的郊区居民，一个除了好勇斗狠之外一无可取的无赖泼皮，投身巴西边境骑手纵横的荒漠，妄想成为走私贩子的头目，这种事情似乎注定是不可能的，我要向有此见解的人叙说本哈明·奥塔洛拉的遭遇……[1]

显然，博尔赫斯的这种叙事风格更接近于《聊斋》，而不是大多数当代小说。另一个例子就是卡夫卡。很多卡夫卡的中短

“我既不为少数人也不为多数人写作，而是每当我感到有些东西需要表达出来时，我便提笔写作。”

篇小说读起来也更像故事，而非小说，就是因为他在很多地方直接进行“讲述”，而没有费力气去“展示”。“Show, don’t tell”其实是力图淡化作者（或叙事者）的声音，希望达到更“客观”的叙事效果。如果你读过米兰·昆德拉的小说，你会记得这是一位喜欢“夹叙夹议”、在小说中加入大段议论的作家。显然，米兰·昆德拉也不是“要展示，不要讲述”这一原则的好榜样。

我感觉，“Show, don’t tell”在当代文学中（好像美国文学更明显）有些被过于重视了。严格遵守这一原则的小说难免会有一个问题：太啰嗦。如果作者不敢（或认为不应该）直接去写任何太主观的描述（例如：汤姆很吝啬），那么为了“展示”这一点，他不得不花费文字去提供一些场景或细节，这样，小说难免很拖沓。

戴维·洛奇的小说《好工作》（*Nice Work*）的开头真是让人读不进去：作者花了好几页纸写主人公在清晨起床、去浴室洗漱的场景。“展示”倒是很充分，可是读者快要睡着了。作为一个读者，如果我知道我不得不忍受长篇累牍的乏味场景描写去领会作者试图向我“展示”的一个概念，那我更情愿作者直接把它“讲述”出来。

所以，我觉得对“Show, don’t tell”这种东西绝不能过分重视。充其量，“要展示，不要讲述”只能算是一种（在当代颇为流行）的写作风格，而不是什么放之四海而皆准的原理。含蓄固然有含蓄之美，但有时候，“有话直说”也是应该的。

* 〔1〕引自《博尔赫斯文集》，海南国际新闻出版中心一九九六年版。

《邮差总按两次铃》的冷叙事

很多年前，一个失眠之夜，我在半梦半醒中没头没尾地看了一部气氛阴暗、纠结着欲望和罪恶的电影，主演是杰克·尼科尔森和杰西卡·兰格。当时并不知道那部电影的名字。最近，我开始读詹姆斯·M·凯恩（James M. Cain）的一部小说，刚读了开头，关于那部电影的记忆就被重新唤醒。读完小说后一查，发现当年看的那部电影正是根据这部小说改编，名字和小说相同，叫做《邮差总按两次铃》（*The Postman Always Rings Twice*）。

事实上，这部于一九三四年出版的小说曾先后五次被搬上银幕，而小说本身如今也已被纳入经典之列。虽然此书经常被归类为犯罪小说或侦探小说，尤其是“冷硬派”小说，但这部小说的文学价值不容忽视。在我看来，《邮差总按两次铃》最大的魅力在于它的冷叙事。

对于所谓的“冷叙事”，大概可以这样解释：以一种客观、

James M. Cain

“爱里边要是掺杂着惧怕，那就不再是爱，而是恨了。”

冷静、不动声色的笔调讲故事，尽量只描述人物的动作、语言，尽量不去直接写人物的内心活动，不直接点明人物的感情状态和行为动机，而是让读者自己通过阅读去感知或揣测人物的内心状态。海明威大概是这种文风最著名的实践者，他的“冰山理论”基本上说的就是这种写作方法。海明威的短篇小说，如《白象似的群山》，经常被用来做此类的文本分析，而在《永别了，武器》的结尾，男主人公独自面对死在医院里的女主人公悲痛欲绝，这时候海明威却只用了以下简短的几句话就结束了这部长篇小说：“但是我赶了她们出去，关了门，灭了灯，也没有什么好处。那简直像是在跟石像告别。过了一会儿，我走出去，离开医院，在雨中走回旅馆。”记得很久以前第一次读加缪的《局外人》，我感觉到一种强烈的震撼，后来细想，发现当时的震撼主要来自于作者那种极度冰冷、面无表情的叙事语气。而最近得知，加缪承认，他的写作受到过这本《邮差总按两次铃》的作者詹姆斯·凯恩的影响。

《邮差总按两次铃》写的是一个犯罪故事，这个故事如果交给一般的作者，小说的长度恐怕会多出三四倍。而凯恩——这位和海明威一样曾经做过新闻记者的作家——却以一种在今天看来也算稀罕的惜字如金的笔法，把这个故事的讲述几乎压缩到了极致。以小说第一章为例，这一章只有两三页纸的长度（中译本大约一千三百字），作者只用了开头短短的第一段就已基本交代清楚主人公的身份——一个没什么钱、但爱耍小聪明的流浪汉。在这一章后面的短短的一千一百字里，凯恩写的是主人公在路边一个小酒店里吃饭的情形。在简单的、不做解释的对话描写和寥寥数笔的心理描写背后，读者却可以读出下面这些玄机：一，主人公想在这家小店里不花钱骗一顿饭。二，店主人或许看出了他的伎俩（或许没有），但他也在打主人公的主意——想让他留下来打工。三，主人公对打工没有兴趣，但忽然看到了店主的漂亮老婆，于是打起了她的主意。四，主人公因为想把店主的老婆搞到手，经过一番犹豫，最后决定留下来打工。以上这些信息在小说中都没有被直接点明，需要读者自己去“看透”，这就造成了一种特殊的阅读效果。这就是冷叙事，对于作者来说，这种写法需要一定的功力，对于读者来说，这是一种独特的阅读魅力。

《邮差》这本书的文风大概可以概括为：叙事冷峻（甚至冷酷）、语言简洁（甚至吝啬）。在语言简洁方面，读者不妨拿这部小说对比一下同属“冷硬派”的雷蒙德·钱德勒的作品。以《漫长的告别》(*The Long Goodbye*) 的开头为例（钱德勒的小说我只读过这本的开头），小说第一章有不少人物的服饰描写，例如姑娘“肩上披着一件蓝貂皮，差一点儿让劳斯莱斯车黯然失色”、“服务员……身穿白外套，胸前缝有红色的饭馆名字”、“他身穿套头格子衬衫、黄色长裤和马靴”，等等——如果换了詹姆斯·凯恩来写，以上这些描写估计会统统删掉（除非这些细节和后面的侦破情节有关）。另外，《漫长的告别》的叙事并不是彻头彻尾的冷叙事。例如，钱德勒形容一个女人披着的貂皮“差一点儿让劳斯莱斯车黯然失色”，形容一个人的眼神“足以戳进他的身体，再从后背透出四英寸来”——这些都是太主观的、不够“冷”的描写（请注意，这里说的是不够“冷”，并不直接等同于不够“好”）。而钱德勒明显爱用副词：“他尖刻地说”、“姑娘突然魅力十足地说”、“他客客气气地说”。副词并不是小说家的好朋友（这一点连写畅销书的斯蒂芬·金都强调过）。我读《邮差总按两次铃》英文版时专门留意过：整部小说几乎没怎么用过副词。

“冷叙事”是当代国内作家欠缺的一种技术。即使是“纯文学”刊物上也经常能读到类似于“他心急如焚地说”、“她的心仿佛被刀子刺了一下”这种简陋粗糙的叙事语言，通俗小说就更不用说了。当然，一位作家写小说并不一定非得使用冷叙事，但是即使是把冷叙事作为一种写作练习，对于磨练小说的文笔也不无益处。《邮差总按两次铃》是一本好看的犯罪小说，但作为一部文学作品，它的叙事风格也十分值得揣摩和借鉴。

自由间接文体

读詹姆斯·伍德（James Wood）的《小说原理》（*How Fiction Works*）一书，发现伍德不厌其烦地赞叹一种叫做“自由间接文体”（Free Indirect Style ）的叙事技巧，于是决定把这玩意儿搞搞清楚。

戴维·洛奇在《小说的艺术》中也简单提到过此法。在该书第九章“意识流”中，洛奇写道：“小说中描绘人物意识的技巧主要有两个：一是内心独白……另一种技巧称为自由间接手法，起码要追溯到简·奥斯汀，但越来越广泛地被现代作家，如伍尔夫等人所运用，其艺术性已日趋精湛。”

那么什么是“自由间接文体”呢？其实这种技法不难理解，也可以找出很多例子。

张爱玲的《小团圆》是一篇第三人称叙事的小说，在第二十四页有这么一段：

九莉没问到哪里去，香港当然是路过。项八小姐也许不过是到香港来玩玩。南西夫妇不知道是不是到重庆去。许多人都要走。

上面一段就是“自由间接文体”。写这一段文字的作者是张爱玲，笔下人物是九莉。而“香港当然是路过”、“项八小姐也许不过是到香港来玩玩”、“南西夫妇不知道是不是到重庆去”这些念头是张爱玲的呢还是九莉的呢？熟读现代小说的读者都会明白：这是九莉头脑中的想法。但是张爱玲在此段并没有使用类似“九莉心想”这样的文字来标明这是九莉的心理活动，而是直接就写了出来，仿佛是作者自己的想法一样。这，就是“自由间接文体”。

简单来说，“自由间接文体”就是作者在小说中采用笔下人物的思维方式和语言进行第三人称叙事的一种技法。詹姆斯·伍德对这种技巧推崇之至：“感谢自由间接文体，我们可以通过小说中角色的眼睛和语言来看世界，同时也可以通过作者的眼睛和语言来看世界。我们同时拥有全知全能视角和限制视角。作者和角色之间的裂缝通过自由间接文体连接起来，而这座桥梁既填补了裂缝也让人注意到了两者之间的距离。”

“自由间接文体”确实给意识流小说（尤其是以第三人称叙事的意识流小说）提供了方便。我读过王蒙的一篇名叫《夏天的肖像》的小说，写的是一个女人在海滨浴场度假时的心情。

同来的丈夫因为临时有事提前走了，留下她和小孩儿在海边。小说为第三人称叙事，开头是这样的：

> 丈夫走了，涛声大了。
>
> 涛声大了，风声大了，说笑声与蚊子的嗡嗡声，粗鲁的叫卖吆喝声，都更加清晰了。

在这段文字中，“丈夫走了”是作者王蒙叙事中提供的一个事实，而“涛声大了”则是一种感受，那么是谁觉得涛声大了呢？是王蒙还是女主人公？当然是女主人公，但作者并没有说“她觉得涛声大了”，而是不加注释地直接把这种感觉写出来，如同是他自己的感受。而在后面“粗鲁的叫卖吆喝声”一句中，是谁感觉叫卖吆喝声粗鲁？同样是女主人公，但和前面一样，这里并没有清晰地指出。正是这种叙事者把自己短暂地代入笔下人物的方法使第三人称叙事的意识流小说显得流畅而有韵味。

其实所谓的“自由间接文体”已经是一种被广为运用、以至于作者和读者几乎不会注意到它的存在的叙事方法。詹姆斯·伍德和戴维·洛奇都认为简·奥斯汀是把这种技巧引入现代小说的开山鼻祖。然而，不难发现，在中国古典小说里也存在这种技巧。

《红楼梦》第六回中写到刘老老一进荣国府时看到墙上的西洋挂钟时的情形：

> 刘老老只听见咯当咯当的响声，很似打罗筛面的一般，不免东瞧西望的。忽见堂屋中柱子上挂着一个匣子，底下又坠着一个秤铊似的，却不住的乱晃。刘老老心中想着："这是什么东西？有煞用处呢？"正发呆时，陡听得"当"的一声，又若金钟铜磬一般，倒吓得不住的展眼儿。

在这段文字中，觉得挂钟的响声"很似打罗筛面的一般"的是曹雪芹还是刘老老？自然是刘老老，但曹雪芹并未注明。而把挂钟的样子形容成"一个匣子，底下又坠着一个秤铊似的，却不住的乱晃"——这是谁的观察？当然还是刘老老的，但曹雪芹仍然不加说明，直接写来。在这一刻，曹雪芹仿佛暂时忘记了自己才子作家的身份，钻入村妇刘老老的头脑中，使用只有刘老老才会用的"匣子"和"秤铊"这样的粗俗比喻来描写一座挂钟。只可惜，曹先生在后面一句还是用了"刘老老心中想着"的标注，而不是直接写不知"是什么东西？有煞用处呢"，否则，这段话就可以算得上一段彻头彻尾的"自由间接文体"了。

悬念保鲜术

记得几年前读《达·芬奇密码》(*The Da Vinci Code*),翻开书页就不忍把书放下,因为这本小说里一个悬念接着另一个悬念,能够一直把读者吸引下去。可是随着小说情节的发展,谜底一个个被揭开(其中很多解释差强人意),我开始感觉阅读的乐趣在逐渐消退。读到结尾,所有疑团都已被拆解,反倒觉得这本书没什么意思,于是顿生空虚感。

更多年以前,我住在加州的时候,家里的闭路电视能收到一个“独立电影频道”,专门播放一些稀奇古怪的另类电影。有一天我独自在家,看了一部忘记了名字的日本电影,讲的是一伙有自杀倾向的人组织了一个假旅游团,他们租了一辆大巴,准备在旅行途中路过一个管理不善的悬崖时故意掉下去,搞个车毁人亡,这样车上所有人的家属都能拿到一笔数量可观的保险赔偿。这辆旅游大巴上从司机、导游到游客全是事先组织好的自杀者,为了掩盖真实目的,他们在自杀之前准备花几天时间到沿线的景点都去转悠一圈。不巧的是，车上阴差阳错地上来了一个真正想要旅游的女孩，怎么赶也赶不走，结果这个人就跟随这帮自杀者踏上了一段亡命的旅程。这是一部比较阴暗、但略带黑色幽默色彩的电影。这个故事从一开始就把我吸引住了，可是电影快到结尾的时候忽然家里来了人，我不得不关掉电视机，所以一直到现在都不知道这个故事的结尾如何。这件事过去好多年了，这个故事却一直没有从我的记忆里消失，偶尔想起那部电影，我还会非常好奇地琢磨：最后到底是个什么结局？如果以后再没机会重看那部片子，那么这部电影带给我的悬念就会永远存在下去。

读保罗·奥斯特的小说《纽约三部曲》，我最喜欢第一部《玻璃城》。这篇小说以一部侦探小说的方式开头，故事开始时充满神秘感，线索丰富，悬念迭起，但小说结尾可能会让一部分读者失望，因为作者在小说开头精心铺排下的那些线索、悬念、甚至主要人物随着故事的发展仿佛都被作者遗忘，它们在小说结尾变得无影无踪，留给读者的是一些无法解释的情节、丢失了谜底的谜面、没有下文的人物——小说就这么结束了。读完这篇小说后这种不同寻常的写法给我留下了深刻的印象。我猜想保罗·奥斯特想要做的是这么一件事：他想像《达·芬奇密码》这种悬疑小说一样给读者提供一个充满悬念的阅读体验，但他懂得悬念被解开的一刹那正是悬念死亡的那一刻，为了不让悬念短命，为了把读者的阅读记忆停留在充满悬念、令人着迷的那些时刻，他决定实验一种不提供谜底的写法。可以说《玻璃

Paul Auster

“好的悬疑小说里什么都不会浪费，没有一个句子、一个单词是没有意义的。”

城》是对传统悬疑小说的一种颠覆。记得在《玻璃城》的前几页保罗·奥斯特写了一段话："好的悬疑小说里什么都不会浪费，没有一个句子、一个单词是没有意义的。"这句话常被人引用，用以形容保罗·奥斯特的小说是如何结构精巧、设计严谨。我却觉得奥斯特写这句话的真正目的是想在他颠覆悬疑小说之前先告诉我们悬疑小说本来是什么样子的，然后他再反其道而行之——你看，我就不这么干。

奥斯特在《神谕之夜》（*Oracle Night*）里又玩了一遍这种把戏。作为小说情节的一部分，这本小说里有一个故事中套着的故事，讲的是某个知识分子忽然决定离家出走，他来到千里之外的一个陌生城市，偶遇一个奇怪的人，然后莫名其妙地在一个由地下防空洞改成的密室里开始从事一项整理过期电话簿的奇怪工作。这个故事的结尾很诡异：主人公不小心把自己反锁在地下室里，而另外唯一一个知道这个秘密所在的人刚刚死去，于是这个人被困在和外界断绝联系的阴暗的地下室里，不知如何是好。这个故事就这么完了，在此后的篇幅中作者再没有提及这个人物的最终命运，直到小说的结尾。读完这本小说的读者肯定会好奇：那个人后来到底怎么了？有没有人来救他？会不会被困死在地下？我想，奥斯特的这种不提供答案的写法让这个故事的悬念实现了一种永恒。至少对我来说，每当我想起《神谕之夜》，我都会记得那里面还有一个独自被困在阴暗的地下室里不知所措的人物。

极繁的小说，歇斯底里的现实主义

伴随美国作家雷蒙德·卡佛的小说在国内出版，读者们开始熟悉并且谈论“极简主义”这个词。事实上，在二十多年前的美国，“极简主义”曾经形成一股潮流，以至于不少人抱怨到处都是惜字如金、骨瘦如柴的小说。多年以后，“极简”已经不再流行，没人再嫌小说文字太简约，反倒是一些写得“极繁”的作品开始受到评论家的批评。

詹姆斯·伍德算得上欧美文学评论界的一位大腕。此人生于英国，曾为《卫报》《新共和》撰稿，出版过专著《小说原理》，现为《纽约客》专职书评作家。二〇〇〇年，伍德创造了一个新词——“歇斯底里现实主义”（Hysterical Realism），用来形容一种在他看来日趋流行的小说风格。如今，伍德所指的这种风格也常被称作“极繁主义”，人们谈起詹姆斯·伍德时往往会加上一句：他就是造出“歇斯底里现实主义”这个词的那一位。

显然，伍德弄出这个词来并不是为了肯定或者提倡，相反，他非常不喜欢这种风格。那么到底什么是“歇斯底里现实主义”或者“极繁主义”呢？对此伍德并没有下过一个准确的定义，归纳起来，他指的应该是那些故事复杂庞大、人物夸张怪诞、情节离奇散乱，但同时题材严肃、试图反映当代社会、描绘人类现状的小说。伍德批评这种“大部头、野心勃勃”的小说情节繁杂、故事推进过快、“像一台永动机”、“拒绝静止”、“以沉默为耻”、“为追求活力不惜一切代价”，他指责这类作品过于注重概念，缺乏有血有肉的人物、“无人性”，他奉劝这些作者不要再野心勃勃地试图向读者展示“世界是如何运转的”，相反，他们应该把精力放在描述“一个人对一件事的感受”上。

詹姆斯·伍德最初提出这一概念是在一篇书评中，所评之书是英国女作家查蒂·史密斯（Zadie Smith）的小说《白牙》（*White Teeth*）。被伍德认为同属这一“流派”的作家还有唐·德里罗、托马斯·品钦、大卫·福斯特·华莱士、萨曼·拉什迪、乔纳森·弗兰岑（Jonathan Franzen）和杰弗里·尤金尼德斯（Jeffrey Eugenides）等。

我对研究文学术语并没有特别大的兴趣，然而，伍德的这个“歇斯底里现实主义”的概念却让我有一种相见恨晚的感觉。因为，在他开列的作者名单中，我看到了自己最喜欢或者最感兴趣的几位当代作家的名字，而对于其中还不太熟悉的那几位，既然大家共享这顶“歇斯底里现实主义”的帽子，那么他们的作品极有可能也会对胃口，于是，我决定赶快把这些人的小说找来拜读一下。

寻找这些作家的作品其实不难。在国内，仅二〇〇八年，就有如下这些“歇斯底里现实主义”小说的中译本在国内出版：乔纳森·弗兰岑的《纠正》(*The Corrections*)(朱建迅、李晓芳译，译林出版社)、杰弗里·尤金尼德斯的《中性》(*Middlesex*)(主万、叶尊译，上海译文出版社)、查蒂·史密斯的《白牙》(周丹译，南海出版公司)、托马斯·品钦的《万有引力之虹》(张文宇、黄向荣译，译林出版社)。

在这些小说中，最繁、最“歇斯底里”的当属《万有引力之虹》。该书最初的中译本分为上下两册，共计九百九十九页，而二〇〇九年出版的密排单册本也厚达八百零八页。这本被奉为“后现代主义文学经典之作”的小说写的是二战期间盟军试图破解德军导弹的故事。小说的“繁”表现在很多方面。首先是故事线索繁杂：出场人物达四百多个，故事发生地涵盖欧洲、美洲、非洲和中亚。其次是内容庞杂：在讲故事的同时，品钦在书中安插了大量的信息，涉及物理学、化学、数学、生理学、特异功能……乃至《易经》。而在文字风格方面，该书的叙事语言颇为繁复，比如，在主人公斯洛索普出场之前，品钦不厌其烦地描写此人办公桌上堆积的杂物：橡皮屑、铅笔屑、咖啡渍、拼图玩具……用去将近整整一页纸。

除了“繁”,《万有引力之虹》在“歇斯底里”方面也颇具特色。小说中有很多夸张、怪诞的人物形象：一位研究巴甫洛夫条件反

“对于包括《白牙》在内的一些小说中出现的那种夸张、狂躁的文风，“歇斯底里现实主义”这个词一针见血。”

射的科学家，为了寻找实验对象，经常在大街上狼狈地追捕野狗；而主人公斯洛索普不但喜爱追逐异性，还有一个怪癖——把自己和美女亲昵过的地方在地图上详细标注（这些被标注过的地点事后都奇怪地成为德军火箭的轰炸目标）。小说在情节怪诞方面也可以举出很多例子：主人公为了抢救掉入马桶的一只口琴，竟然钻进马桶，然后顺势游入排泄管道（品钦用了超过三页纸来描写他钻入马桶以及在那个"通往大西洋的管道"中畅游的场面）。小说的叙事风格也颇为"歇斯底里"——时而晦涩诡异，时而一泻千里，有时让人摸不着头脑。读者读了开头两页之后，如果不看书页下方译者提供的小字注解，很可能不会意识到："小说开头到上一段都是梦境。"

《万有引力之虹》是一部很难啃的小说，自出版以来，一直有人抱怨该书晦涩难读。但这部小说充满魅力。该书的英文版更能体现品钦的语言特色，他的文字大气、自由、充满气势、富有节奏感。读这本书就像观赏一场大型交响乐的演出，但台上的演奏者并不是正襟危坐的提琴手、钢琴家，而是一群奇装异服、舞动着电吉他、敲打着电子鼓的疯狂的摇滚乐手。

相比之下，小说《白牙》要好读得多。詹姆斯·伍德正是在评论此书时提出"歇斯底里现实主义"这个概念的。女作家查蒂·史密斯写这本书时才二十出头，还在剑桥大学读本科，然而《白牙》却是一部颇为复杂的长篇小说。作者的文笔时常幽默诙谐，她用全景式的手法描绘了北伦敦的三个家庭，书中人物有着不同的种族、文化、信仰和教育背景，故事的时间跨度长达一百五十年。谈到小说《白牙》的“歇斯底里”，伍德写道：

纵观此书的出场角色，这里有一个总部设在北伦敦的恐怖组织，拥有一个愚蠢的简称——“凯文”；还有一个动物权利保护团体，名字叫做“命运”；一位犹太裔科学家致力于用转基因的方法改造一只老鼠；一个女人在一九〇七年牙买加的金斯顿地震中降生；一群耶和华见证会的信徒相信世界末日将于一九九二年十二月三十一日来临；还有一对双胞胎，他们一个在孟加拉国，一个在伦敦，两个人却在同一时间弄破了鼻子。

伍德进一步批评：“这不是魔幻现实主义，这是歇斯底里现实主义……现实主义的传统在这里并没有被抛弃掉，反倒是被过度使用、消耗殆尽。”查蒂·史密斯一向以对自己的作品过度苛刻闻名，面对伍德的指责，她并没有反击，反而虚心地说：“对于包括《白牙》在内的一些小说中出现的那种夸张、狂躁的文风，‘歇斯底里现实主义’这个词一针见血。”

美国作家杰弗里·尤金尼德斯的小说《中性》被认为是另一部“歇斯底里现实主义”作品，这本书的主人公是一个生于二十世纪六十年代初期、同时具有男女性器官的双性人。该书不但描述了主人公的命运，还同时讲述了一个希腊移民家庭中整整三代人的故事。詹姆斯·伍德称赞该书是一本“感人、幽默、深刻地反映人性”的小说，但同时，他又列举了此书情节中很多“歇斯底里”之处：

> 两个表亲在同一个夜里的同一时刻同时怀孕，而降生的两个孩子后来结为夫妻；书中有一个人物名叫“十一章”，而且好像从未有过其他的名字；一个希腊女子于一九二二年从土耳其的士麦那逃亡，最终却退休于美国佛罗里达州的士麦那海滩；小说中雌雄同体的叙事者卡尔·斯蒂芬尼德斯生为女孩之身，后来决定变成男子，于是成为“中性”，他恰巧于一九六〇年代搬到密歇根州一条名叫“中性”的街道上，而他讲述自己身世的地方恰巧是当今的柏林，一个曾经被分裂为两半（或两性）的城市……

如果没有詹姆斯·伍德的“歇斯底里”之说，我可能也不会去读美国作家乔纳森·弗兰岑的小说《纠正》，然而这本小说给我的印象是非常传统的，几乎是一部中规中矩的现实主义小说。此书写的是美国中西部地区的一个中产阶级家庭，包括一对年迈的夫妇和三个成年子女，这些人物之间在情感和价值观方面暗藏着各种矛盾。标题“纠正”的含义可以理解为：一代人的生活往往是对父辈生活轨迹的纠正，但这种纠正并不一定能够奏效，纠正的过程往往会带来更多的

“我并不是一个写自传性作品的作家，虽然我用了不少自己生活中的东西来让小说读起来更加真实。然而当真正要写我自己的时候，我会感到非常困惑。”

问题。

《纠正》有不少让我喜欢的地方：有血有肉、细致入微的人物塑造、带有黑色幽默成分的故事情节、作者在叙事中夹杂的揶揄和调侃。然而，詹姆斯·伍德显然持另外一种观点。他称赞该书对家庭问题的成功描绘和对人物情感的出色把握，但同时批评作者试图写一部“宏大的社会小说”、在书中夹杂了过多的信息、书中的议论性文字过多，显得过于“聪明”。伍德似乎认为在小说中写到以下这些内容都属于“歇斯底里”的表现：大学校园里的人际斗争、生物制药公司的科技专利、立陶宛的地下黑市、抑郁症的病学原理……

除了以上几本，被认为同属“极繁主义”或“歇斯底里现实主义”的小说还包括：托马斯·品钦的《梅森和迪克逊》（*Mason & Dixon*）、大卫·福斯特·华莱士的《无尽的玩笑》、唐·德里罗的《地下世界》、萨曼·拉什迪的《她脚下的土地》（*The Ground Beneath Her Feet*）等等。这几位作家中我比较欣赏大卫·福斯特·华莱士，此人最有名的小说《无尽的玩笑》厚达千页，在难读方面可以和《万有引力之虹》一比高下，但是他的小说处女作《系统之帚》却有较高的可读性，在结构和语言等方面带有很强的实验色彩，荒诞中夹杂着幽默，风格怪异，但充满才气。唐·德里罗的小说我读过《白噪音》和《毛二世》，这位作家的作品也有强烈的后现代色彩。德里罗喜欢在小说中描绘时代特征，他在《白噪音》里花了大量的篇幅

“我并不在意我死后小说会怎样。我在意的是当下的阅读和写作文化。”

描写无休无止的电视节目和巨大无比的超级市场。萨曼·拉什迪的小说带有魔幻色彩，文字风格也是夸张繁复的。在小说《撒旦诗篇》的开头，他用了十几页纸描写两位乘客在飞机爆炸之后从两万九千英尺的高空向英伦海峡坠落的过程，两人在空中聊天，还放声高歌，场面壮观而诡异。

所有这些，在评论家詹姆斯·伍德看来，似乎都是"歇斯底里"的表现。伍德崇尚契诃夫式的现实主义传统，他希望当代作家摒弃这些花里胡哨的噱头，停止在小说里大肆谈论对社会问题的看法，过滤掉不适宜在小说中出现的繁杂信息和无用的知识，放弃对幽默和讽刺的过度使用，沉静下来，重新担当起描绘人类心灵的重任。那么不妨假设一下：本文提到的这些小说按照此法提纯、改造，结果会是什么样呢？大概有一点可以肯定：至少我本人可能再没那么大的兴趣去读这些小说了。

现实主义传统固然宝贵，然而今天的世界已然和契诃夫、福楼拜的世界有很大不同。光怪离奇的社会也许需要光怪离奇的作品来表现，在一个歇斯底里的时代里，有一批歇斯底里的小说难道不是很合情合理的现象吗（何况其中很多根本算不上真正的歇斯底里）？

我手头恰好有一本詹姆斯·伍德谈论小说艺术的新作《小说原理》，这本书和《万有引力之虹》有一个相似之处——两本书都不能让我顺畅地读下去。但原因却完全不同：读托马斯·品钦的《万有引力之虹》就像在睡梦中闯入一个诡异的世界，那里峰峦叠翠，布满游鱼怪兽，但是道路错综无序，脚下有碎石和荆棘，你不得不经常停下来清一清道路、查一下地图；读詹姆斯·伍德的《小说原理》则像在午后回到一间不透气的教室，一个没有表情的老师正在用一种单调乏味的语调继续一堂或许还算有些名堂的理论课，你试图坚持倾听，但强烈的困意向你袭来，于是你最大的愿望就是舒舒服服地打个瞌睡。

披着奇装异服的现实主义小说

“短篇小说在美国仍然生命力旺盛。”——斯蒂芬·金在二〇〇七年版《最佳美国短篇小说选》(*The Best American Short Stories*)序言的开头铿锵有力地写道。但他马上另起一段，带着一些忧郁的口气补充：“我真希望上面这句话是事实。”

我本人阅读量有限，无法对金师傅这个悲观的论断做出评价，但就个人经验而言，常感觉过眼的很多美国当代短篇小说过于平庸乏味，缺乏灵气，像作业而不像作品，而且似乎大部分写得太过现实主义、太老实、太无特色。有时会给自己这样一个解释：其实不是水平问题，而是对不对胃口的问题。不过也有例外，偶尔会邂逅一些小说，即使它们并不完美，但因为“对胃口”，也足以让人眼前一亮。最近一次类似的经历来自于阅读卡伦·罗素(Karen Russell)的《柠檬园里的吸血鬼》(*Vampires in the Lemon Grove*)。

卡伦·罗素是一位八〇后美国女作家，曾入选《纽约客》“二十位值得关注的四十岁以下作家”名单。她于二〇〇六年出版过一本颇受好评的短篇小说集《圣露西的狼女之家》(*St. Lucy's Home for Girls Raised by Wolves*),此后她的长篇小说《沼泽地》(*Swamplandia!*)入围二〇一二年普利策奖(这一年该奖项的小说类得主空缺,此事在业内引起不少争议)。《柠檬园里的吸血鬼》是罗素的第三本书,收集了作者的八篇短篇作品,于二〇一三年二月在美国出版。对我来讲,这些小说的“对胃口”之处在于:奇巧大胆,不拘泥于传统现实主义写法,富有想象力,充满灵气。

本书标题小说的主人公是一位隐居在柠檬园里的吸血鬼,和他生活在一起的是一位百年前相识的异性伴侣(“我遇到的第一个、也是唯一一个吸血鬼”),主人公从她那里得知,很多关于吸血鬼的传言其实并不属实:阳光并无致命杀伤力,睡觉并不一定非得爬进一口棺材,甚至吸食鲜血这件事也可以完全戒除(柠檬汁是不错的替代品)。对于这两位长生不老的吸血鬼来说,夫妻生活也不能保证永久和谐,有时妻子会渴望离开丈夫去独居一段时间——“不要这么敏感好不好!我只不过对眼下这个世纪感觉非常厌倦而已!”于是妻子化身一只蝙蝠振翅消失在夜幕中,而上了些年纪的主人公已经丧失了飞行的能力,只能坐在柠檬园里的长椅上等待。如今吸血鬼的形象在电影和通俗小说中屡见不鲜,然而一般来讲这些角色是很难被读者“严肃”看待的,可是罗素却使用“纯文学”的写法塑造了一个与常人一样不时为烦恼所困的吸血鬼,这篇小说甚至能够引起读者对婚姻和家庭的某些反思。

小说《为帝国抽丝》更能显示作者的想象力。这个魔幻色彩浓厚的故事发生在十九世纪的日本，一批来自各地的年轻女子应聘到一家神秘的蚕丝厂工作，不久便发现，这里并不养蚕，蚕丝的来源竟然是她们自己的身体——在饮用过某种特制的茶叶之后，这些女工的体内开始制造蚕丝："不久我指尖上的皮肤变软、破裂，细细的丝线从那里涌出"，"这个过程永不停息，即使是在睡梦中，我们的身体也在产丝。我们的每一点力气，我们的每一分、每一秒都在用来制造蚕丝"。这些"桑蚕少女"被封闭在与世隔绝的纺织厂里，每天用自己的身体为帝国制造五颜六色的精美丝绸。这是一篇结合了凄美和恐怖的小说，让人过目难忘。

另一篇同样带有"变形记"色彩的小说题为《我们任期结束后的马厩》，讲的是美国第十九任总统拉瑟福德·海斯死后发现自己投胎转世变成了一匹马，被饲养在一座乡间马厩里，而这里还圈养着另外十四匹同类，它们的前世也都是美国总统。与带有恐怖色彩的《为帝国抽丝》不同，这篇小说笔调轻松诙谐，颇具幽默感：总统们都急于知道自己死后世人对他们的评价，不惜"联手"踢翻农场小女孩的书包，翻来翻去却怎么也找不到历史课本——"艾森豪威尔厌恶地抬起右腿前蹄把那些书本踢飞到空中，抱怨道：'每门课的课本都有，就是没有美国历史！我们的教育系统如今成了什么样子？他们今天到底在给孩子们教些什么东西?！'"

Vampires in the Lemon Grove
Karen Russell
Author of Swamplandia!

不难看出，卡伦·罗素在小说情节设置上奇招不断，喜欢借鉴类型小说，大胆加入通俗元素，把小说写得十分好看，而这些怪诞的情节足以让人佩服作者的想象力和创造力。但是，假如仅仅停留于这一层次，这些作品是并不足以进入上乘佳作之列的。好在这位年轻作家并没有把自己局限于猎奇和炫技，她的小说具有深度和感染力。读过本书之后仔细体味，读者可能会有这种感觉：这些怪诞奇异的小说骨子里非常接近现实主义小说，甚至可以说，它们其实是披挂着各种奇装异服的现实主义小说。

在小说《1979年海鸥军团空降斯特朗海滩》和《死无葬身之地的埃里克·穆蒂斯玩偶》中，读者都会遇到奇诡甚至略带恐怖的情节：前者是一大群盘旋在城市上空的邪恶的海鸥，它们于不知不觉中啄走当地人的细小物件，从而改变了失主的人生轨迹；后者是一个来源不明的稻草人，当它神秘地现身于一个破旧的公园之后，几个当地少年的生活被彻底扰乱。这两篇小说可以当作奇幻小说、甚至恐怖小说来读，但它们骨子里其实都是成长小说。两篇小说的主人公——分别是一位家境困窘的男孩和一位喜欢作恶的青春期少年——因为遇到这些奇异事件对人生有了不同的看法，变得更加成熟。比起很多拘泥于纯现实主义写法的充满陈词滥调的成长小说，这两篇小说显然好看很多，在写法上也高明不少。

在小说《新近退伍军人》中同样出现了灵异事件：一位女按摩师为一位后背刻有刺青的伊拉克战争退伍军人按摩，却发现刺青画面中的景物竟然可以移动甚至消失，而刺青画面的变化能够改变这位军人对于战争的记忆。按摩师通过按摩改变了刺青的画面，也消除了那位军人因战争中一起死亡事件而背负的罪恶感，然而她本人却因此陷入难以消解的痛苦和困惑。在我看来这篇小说并不成功（主要因为篇幅过长，叙事语言过于传统、乏味，读起来像初学者之作），但这个故事同样是一篇包裹着奇装异服的现实主义小说，它的主题再明显不过：战争对于人们心灵的伤害。即使这是一篇在叙事方面颇为平庸的小说，我们也可以从中看出作者的某些聪明之处：至少她为这种前人已经几乎写滥了的题材找到了一个新鲜的切入点，而用刺青画面来折射战争记忆绝对是一个不错的创意。

上文提到的《为帝国抽丝》可以看作一篇以日本产业革命为背景的历史小说，它的主题其实也不新鲜——发达工业社会中人的异化。然而作者独特的切入点让这篇小说显得别具一格。本书另有一篇历史题材的小说，题为《验证》，写到美国西部开发时期颁布的《宅地法》对于拓荒者的影响。即便是这样一篇具有明确历史背景的小说，卡伦·罗素也在其中加入了具有玄幻色彩的情节和画面：一个男孩骑一匹快马在内布拉斯加州无际的荒野上飞奔，为的是给邻居递送一块窗玻璃（《宅地法》有一项奇怪的规定：拓荒者家中的窗户必须装有窗玻璃才能通过土地审查，而玻璃在当时颇为稀罕，于是当地居民不得不在接受审查时互相借用），天上落下鹅毛大雪，男孩在风雪中迷了路，因寒冷失去知觉，醒来后却遇到一位神秘的不速之客……

和本书收集的大部分作品一样，罗素在这篇小说中不但展示了情节设置上的想象力，也让读者体验到文字的美感，并看到这位年轻作者对于叙事方式的熟练掌控。

卡伦·罗素的《柠檬园里的吸血鬼》是一本颇具启发性的小说集。这些小说的风格与传统现实主义小说相去甚远，但它们表现的几乎都是现实主义主题。不管应该被归于何类，这些小说大概可以提醒我们：即使是现实主义小说，也没有必要老是维持一副中规中矩的刻板形象；只要骨子里的东西不变，有时候尝试着换几件样子不同的新鲜衣服来穿，这未尝不是一件有趣而有益的事情。

图书在版编目(CIP)数据

刻小说的人 / 比目鱼著.—北京：新星出版社，2014.10
ISBN 978-7-5133-1527-2

Ⅰ.①刻… Ⅱ.①比… Ⅲ.①散文集－中国－当代
②随笔－作品集－中国－当代 Ⅳ.①I267

中国版本图书馆CIP数据核字(2014)第111559号

刻小说的人
比目鱼 著

责任编辑 汪 欣
特邀编辑 侯晓琼 赵丽苗
责任印制 李海坡 史广宜
插图作者 比目鱼
装帧设计 韩 笑
内文制作 王春雪

出 版 新星出版社 www.newstarpress.com
出 版 人 谢 刚
社 址 北京市西城区车公庄大街丙3号楼 邮编 100044
电话 (010)88310888 传真 (010)65270449
发 行 新经典发行有限公司
电话 (010)68423599 邮箱 editor@readinglife.com
印 刷 北京中科印刷有限公司
开 本 800mm×1120mm 1/32
印 张 10
字 数 190千
版 次 2014年10月第1版
印 次 2014年10月第1次印刷
书 号 ISBN 978-7-5133-1527-2
定 价 36.00元